蔡元培之中國人的修養

著

修己與修德，社會倫理與公民修養的實踐

從修己到治國，探索個人與社會責任的平衡
在日常生活、家庭關係與職業生涯中實踐德育理念
培養學生的品格與公民意識
良心與理想的衝突與和解
傳統與現代的交融，塑造未來的社會中堅力量

目錄

德育三十篇

合群 …………………………………………… 008
捨己為群 ……………………………………… 010
注意公眾衛生 ………………………………… 013
愛護公共之建築及器物 ……………………… 015
盡力於公益 …………………………………… 017
己所不欲勿施於人 …………………………… 020
責己重而責人輕 ……………………………… 023
勿畏強而侮弱 ………………………………… 026
愛護弱者 ……………………………………… 028
愛物 …………………………………………… 030
戒失信 ………………………………………… 034
戒狎侮 ………………………………………… 038
戒謗毀 ………………………………………… 041
戒罵詈 ………………………………………… 044
文明與奢侈 …………………………………… 047
理信與迷信 …………………………………… 050
循理與畏威 …………………………………… 053
堅忍與頑固 …………………………………… 056
自由與放縱 …………………………………… 059

目錄

鎮定與冷淡 …………………………………… 062

熱心與野心 …………………………………… 066

英銳與浮躁 …………………………………… 069

果敢與鹵莽 …………………………………… 072

精細與多疑 …………………………………… 075

尚潔與太潔 …………………………………… 078

互助與依賴 …………………………………… 081

愛情與淫慾 …………………………………… 084

方正與拘泥 …………………………………… 087

謹慎與畏葸 …………………………………… 090

有恆與保守 …………………………………… 093

智育十篇

文字 …………………………………………… 098

音樂 …………………………………………… 100

圖畫 …………………………………………… 103

戲劇 …………………………………………… 106

詩歌 …………………………………………… 109

歷史 …………………………………………… 111

地理 …………………………………………… 113

建築 …………………………………………… 115

雕刻 ……………………………………………………… 118
裝飾 ……………………………………………………… 121

中學修身教科書（上篇）
第一章　修己 ……………………………………………… 126
第二章　家族 ……………………………………………… 147
第三章　社會 ……………………………………………… 162
第四章　國家 ……………………………………………… 179
第五章　職業 ……………………………………………… 188

中學修身教科書（下篇）
第一章　緒論 ……………………………………………… 198
第二章　良心論 …………………………………………… 200
第三章　理想論 …………………………………………… 205
第四章　本務論 …………………………………………… 210
第五章　德論 ……………………………………………… 213
第六章　結論 ……………………………………………… 216

目錄

德育三十篇

合群

　　吾人在此講堂，有四壁以障風塵；有案有椅，可以坐而作書。壁者，積磚而成；案與椅，則積板而成者也。使其散而為各各之磚與板，則不能有壁與案與椅之作用。又吾人皆有衣服以禦寒。衣服者，積綿縷或纖毛而成者也。使其散而為各各之綿縷或纖毛，則不能有衣服之作用。又返而觀吾人之身體，實積耳、目、手、足等種種官體而成。此等官體，又積無數之細胞而成。使其散而為各各之官體，又或且散而為各各之細胞，則亦焉能有視聽行動之作用哉？

　　吾人之生活於世界也亦然。孤立而自營，則凍餒且或難免；合眾人之力以營之，而幸福之生涯，文明之事業，始有可言。例如吾等工業社會，其始固一人之手工耳。集夥授徒，而出品較多。合多數之人以為大工廠，而後能適用機械，擴張利益。合多數工廠之人，組織以為工會，始能漸脫資本家之壓制，而為思患預防造福將來之計。豈非合群之效與？

　　吾人最普通之群，始於一家。有家而後有慈幼、養老、分勞、侍疾之事。及合一鄉之人以為群，而後有守望之助，學校之設。合一省或一國之人以為群，而後有便利之交通，高深之教育。使合全世界之人以為群，而有無相通，休戚與共，則雖有地力較薄、天災偶行之所，均不難於補救，而兵戰、商戰之慘禍，亦得絕跡於世界矣。

［譯文］

　　我們在這裡授課的課堂，四面的牆壁可以遮風擋灰；有書桌座椅，可以坐下來讀書創作。牆壁，是由磚塊疊砌而成；書桌與座椅，是由木

板打造而成。假如將它們拆散為單個的磚塊和木板，那它們就不再有牆壁、書桌、座椅的功用。還有，我們都穿有衣服抵禦寒冷。衣服，是用絲棉或纖毛織製而成的。假如將它們拆散為單一的絲棉或纖毛，那它們就不會有衣服的作用。我們再回過頭來看看我們自己的身體，實際上是由耳、目、手、足等各種器官組合而成的。這些器官，又是由無數的細胞組成的。假如將它們拆散為單個的器官，並且又將這些器官拆散為單個的細胞，那麼這些器官怎麼能夠具備人體所需要的視聽行動的作用呢？

我們身處在世界上也是這樣。個人單打獨鬥，受凍挨餓也就難以避免；融入集體聯手奮鬥，那樣才可以談得上幸福的生活、文明的事業。比如我們所處的工業社會，它的創始時期固然得力於一個人的手工勞作。後來結成群體力量，傳授技術予徒弟，生產的產品就增多起來。集合眾多工人就形成了一個大工廠的規模，然後逐漸地引用機械，透過機械化勞動提高效益。集合多數工廠的工人，組織成工會，才能逐漸擺脫資本家的欺壓管制，從而思考並預防自己可能遭遇的災患，謀劃將來造福於己的大計。這些難道不是集合群體力量的效果嗎？

我們這些最普通的群體，都是從一個家庭開始的。有了家庭，然後才有哺育兒女、贍養老人、分擔勞作、侍候病人這類的事情。等到集合一鄉村民組成一個群體，然後就有人與人之間互相關注的幫助，就有用於教育的學校設施。集合一省或一國的民眾組成一個群體，然後就有便利的交通、精深的教育。假使集合全世界的人組成一個強大的群體，互通有無，休戚與共，那麼即使在土地貧瘠、天災偶發的地方，都不難扶助拯救，而且像由戰爭、商業競爭而引發的慘禍，也能夠在這個世界上絕跡了。

捨己為群

　　積人而成群。群者，所以謀各人公共之利益也。然使群而危險，非群中之人出萬死不顧一生之計以保群，而群將亡。則不得已而有捨己為群之義務焉。

　　捨己為群之理由有二：一曰，己在群中，群亡則己隨之而亡。今捨己以救群，群果不亡，己亦未必亡也；即群不亡，而己先不免於亡，亦較之群己俱亡者為勝。此有己之見存者也。一曰，立於群之地位，以觀群中之一人，其價值必小於眾人所合之群。犧牲其一而可以濟眾，何憚不為？一人作如是觀，則得捨己為群之一人；人人作如是觀，則得捨己為群之眾人。此無己之見存者也。見不同而捨己為群之決心則一。請以事實證之。一曰從軍。戰爭，罪惡也，然或受野蠻人之攻擊，而為防禦之戰，則不得已也。例如比之受攻於德，比人奮勇而禦敵，雖死無悔，誰曰不宜？二曰革命。革命，未有不流血者也。不革命而奴隸於惡政府，則雖生猶死。故不憚流血而為之。例如法國一七八九年之革命，中國數年來之革命，其事前之鼓吹運動而被拘殺者若干人，臨時奮鬥而死傷者若干人，是皆基於捨己為群者也。三曰暗殺。暗殺者，革命之最簡單手段也。殲魁而釋從，懲一以儆百，而流血不過五步。古者如荊軻之刺秦王，近者如蘇斐亞之殺俄帝尼科拉司

　　第二，皆其例也。四曰為真理犧牲。真理者，和平之發見品也。然成為教會、君黨、若貴族之所忌，則非有捨己為群之精神，不敢公言之。例如蘇格拉底創新哲學，下獄而被鴆；哥白尼為新天文說，見仇於教皇；巴枯寧道無政府主義，而被囚被逐，是也。

其他如試演飛機、探險南北極之類，在今日以為敢死之事業，雖或由好奇競勝者之所為，而亦有起於利群之動機者，得附列之。

[譯文]

集合眾人而組成群體。群體，是用來謀求個人所應享有的公共利益的。然而，假使群體發生危險，而群體中沒有一個人勇於出來不顧自己生命安危去全力保護群體，那麼，這個群體勢必將滅亡。於是我們迫不得已，就有了捨己為群的義務。

捨棄自己而為群體的理由有兩方面：一是自己身居群體中，如果群體滅亡，那麼自己也會隨之滅亡。現在能捨棄自己而勇救群體，群體果真不滅亡的話，自己也就未必會滅亡；即使是群體不滅亡，而自己事先滅亡，也比群體和自己一起滅亡要好。以上認識，包含了對個人的一些考慮。二是從群體角度，來看群體中的一個人，個人的價值必定小於群體的價值。假如犧牲一個人而可以救濟眾人，那還有什麼畏懼而不去做呢？一個人這樣想，那麼就會有捨棄自己而為群體的一個人；每個人都這樣想，那麼就會有捨棄自己而為群體的眾多人。這種認識，沒有包含對個人的考慮。上述兩種認識，出發點雖不盡相同，但捨棄自己而為群體的決心卻是一樣的。不妨用事實來證明這一點。一是從軍。戰爭本身是罪惡的，但是有時候我們受到野蠻人的無端攻擊，為了自衛防身而戰，這就是不得已而為之。例如二戰時期比利時受到德國軍隊的突然攻擊，比利時人奮勇抗敵，即使戰死沙場也在所不惜，誰說他們不應該迎戰呢？二是革命。革命沒有不流血犧牲的。如果放棄革命而忍受殘暴政府的奴役，那麼即便活著也跟死去差不多。所以很多志士仁人不怕流血犧牲而去參加革命。例如法國一七八九年大革命，中國這些年來的革

命，倡導這些革命的人在事前因各種原因而被逮捕殺害的有不少，在戰爭中不幸死傷的也有很多人，他們都是信守捨己為群的思想而革命的。三是暗殺。暗殺是革命最簡單的手段。消滅罪魁禍首而釋放從犯，殺一儆百，流血不會超過五步。古代的如荊軻行刺秦王嬴政，最近的如索菲亞暗殺俄國沙皇尼古拉二世，都是這樣的例子。四是為真理而犧牲。真理展現和平的精神。然而，有時真理卻被教會、君主、政黨、貴族所忌諱，所以沒有捨己為群的精神，就不敢公開談論真理。例如蘇格拉底對哲學進行了大膽的創新，結果被捕入獄而被殺害；哥白尼創造了新的天文學說，結果被教皇所仇視；巴枯寧主張無政府主義，結果也被囚禁、放逐。

以上這些都是為真理而犧牲的典型例子。

其他的如飛機試驗、南北極探險等，在今天看來，這些都是具有犧牲精神的事業，雖然有的是由好奇者和爭勝者去完成的，但也包含有為了群體利益的動機，所以有必要在這裡列舉出來。

注意公眾衛生

古諺有云:「千里不唾井。」言將有千里之行,雖不復汲此井,而不敢唾之以妨人也。殷之法,棄灰於道者有刑,恐其飛揚而瞇人目也。孔子曰:「君子敝帷不棄,為埋馬;敝蓋不棄,為埋狗。」言已死之狗、馬,皆埋之,勿使暴露,以播其惡臭也。蓋古人之注意於公眾衛生者,既如此。

今日公眾衛生之設備,較古為周。誠以衛生條件,本以清潔力一義。各人所能自營者,身體之澡浴,衣服之更迭,居室之灑掃而已。使其周圍之所,汙水停瀦,廢物填委,落葉死獸之腐敗者,散布於道周,傳染病之黴菌,瀰漫於空氣,則雖人人自潔其身體、衣服及居室,而衛生之的仍不達。夫是以有公眾衛生之設備。例如溝渠必在地中,溷廁必有溜水,道路之掃除,棄物之運移,有專職,有定時,傳染病之治療,有特別醫院,皆所以助各人衛生之所不及也。

吾既受此公眾衛生之益,則不可任意妨礙之,以自害而害人。毋唾於地;毋傾垢水於溝渠之外;毋棄擲雜物於公共之道路若川流。不幸而有傳染之疾,則亟自隔離,暫絕交際。其稍重者,寧移居醫院,而勿自溷於稠人廣眾之間。此吾人對於公眾衛生之義務也。

[譯文]

古諺語說:「千里不唾井。」大意是說,將要遠赴千里之外,雖然不再從此井中提水,但也不敢向井中吐唾液而汙染井水妨礙別人。商朝法律規定,在道路上丟棄灰土的人將受到懲罰,因為這種亂丟的行為會使

塵土飛揚而迷濛路人的眼睛。孔子說：「君子不丟棄破舊的帷帳，用它來埋馬；不丟棄破舊的傘蓋，用它來埋狗。」說的是及時掩埋死馬死狗，不要讓其屍體暴露散發惡臭。古人都是這樣注意公共衛生了。

今天我們所擁有的公共衛生設備，比古人齊全多了。以衛生條件而論，本來清潔是第一位的標準。每個人所能做到的，只是洗澡、更換衣服、清掃居室而已。假如我們周圍污水滯堵，垃圾堆積，腐爛的落葉死獸散棄在地，空氣中瀰漫傳播著傳染性病菌，那麼即使各人清潔身體、衣服和居室，也仍然達不到衛生環境的標準。這就是為什麼要有公眾衛生設備的原因。例如地面開闢有溝渠，廁所裡儲有流水，清掃道路，轉運垃圾，都有專門的人員和固定的時間，傳染病的治療有專門的醫院，這些都是解決個人在衛生方面無力應對的問題的有效手段。

我們既然享受了公共衛生帶來的好處，就不能任意破壞公共衛生環境，害了自己也害了別人。不要隨地吐痰；不要把污水傾倒在溝渠之外；不要隨手在公共道路上丟棄雜物。如果不幸得了傳染病，應立即自行隔離，暫時斷絕與外界往來。其中病情較重的，必須住進醫院，而不可混身於大庭廣眾之間。這就是我們對於公共衛生的義務。

愛護公共之建築及器物

　　往者園亭之勝，花鳥之娛，有力者自營之、而自賞之也。今則有公園以供普通之遊散；有植物、動物等園，以為賞鑑及研究之資。往者宏博之圖書，優美之造像與繪畫，歷史之紀念品，遠方之珍異，有力者得收藏之，而不輕以示人也。今則有藏書樓，以供公眾之閱覽，有各種博物院，以興美感而助智育。且也，公園之中，大道之旁，植列樹以為庇蔭，陳坐具以供休憩，間亦注引清水以資飲料。是等公共之建置，皆吾人共享之利益也。

　　吾人既有此共同享受之利益，則即有共同愛護之義務；而所以愛護之者，當視一己之住所及器物為尤甚。以其一有損害，則爽然失望者，不止己一人已也。

　　是故吾人而行於道路，遊於公園，則勿以花木之可愛，而輕折其枝葉；勿垢汙其坐具，亦勿踐踏而刻劃之；勿引杖以擾猛獸；勿投石以驚魚鳥；入藏書樓而有所誦讀，若抄錄，則當慎護其書，毋使稍有汙損；進博物院，則一切陳列品，皆可以目視，而不可手觸。有一於此，雖或幸逃典守者之目，而不遭誚讓，然吾人良心上之呵責，固不能倖免矣。

[譯文]

　　以前園林亭榭的勝景，花鳥蟲魚的娛樂，都是有財力的人們自己經營和玩賞的。今天我們卻有公園供普通百姓遊玩休閒；有植物園、動物園等，作為遊賞和研究的對象。以前浩瀚的圖書，優美的塑像和繪畫，歷史紀念品，來自遠方的奇珍異寶，有財力的人得到並收藏它們，卻不

輕易展示給眾人。今天我們卻有圖書館，以供公眾閱覽，有各種博物館，以培養公眾的美感，增益他們的智慧。而且，公園之中，大路旁邊，種植的行道樹濃綠成蔭，陳設座椅供路人休憩，有些地方提供清潔之水供人們飲用。這些公共設施，是我們共同享有的利益。

我們既然擁有這些共同享受的利益，那麼就有共同愛護的義務；而且我們應當以超過對自己住家和器物的愛護程度去愛護這些公共設施。所以這些公共設施一旦有所損壞，那麼不高興而失望的，就不只是一個人了。

所以我們在道路上行走，在公園中遊玩，不要因為花木可愛，就去隨便折取；不要弄髒了座椅，也不要用腳踩踏、用手刻劃；不要手持木棍去騷擾猛獸；不要亂扔石塊驚嚇魚鳥；進入圖書館閱覽圖書，如果要抄錄文章，就要謹慎地愛護圖書，不要使圖書受一點汙損；進入博物館，那麼一切陳列品，都可以用眼去看，而不能用手去摸。如果我們有所觸犯，雖然當時僥倖逃脫文物看護者的眼睛而沒有遭到追究，但是我們良心上應該自責，這是絕對不能夠免去的。

盡力於公益

　　凡吾人共同享受之利益，有共同愛護之責任，此於〈注意公眾衛生〉及〈愛護公共之建築及器物〉等篇，所既言者也。顧公益之既成者，吾人當愛之；其公益之未成者，吾人尤不得不建立之。

　　自昔吾國人於建橋、敷路，及義倉、義塾之屬，多不待政府之經營，而相與集資以為之。近日更有獨力建設學校者，如浙江之葉君澄衷，以小販起家，晚年積資至數百萬，則出其十分之一，以建設澄衷學堂。江蘇之楊君錦春，以木工起家，晚年積資至十餘萬，則出其十分之三，以建設浦東中學校。其最著者矣。

　　雖然，公益之舉，非必待富而後為之也。山東武君訓，丐食以奉母，恨己之失學而流於乞丐也，立志積資以設一校，俾孤貧之子，得受教育，持之十餘年，卒達其志。夫無業之乞丐，尚得盡力於公益，況有業者乎？

　　英之翰回，商人也，自奉甚儉，而勇於為善；嘗造倫敦大道；又憫其國育嬰院之不善，自至法蘭西、荷蘭諸國考察之；歸而著書，述其所見，於是英之育嬰院為之改良。其歿也，遺財不及二千金，悉以散諸孤貧者。英之沙伯，業織麻者也，後為炮廠書記，立志解放黑奴，嘗因辯護黑奴之故，而研究民法，卒得直；又與同志設一放奴公司，黑奴之由此而被釋者甚眾。英之萊伯，鐵工也，憫罪人之被赦者，輒因無業而再罹於罪，思有以救助之；其歲入不過百鎊，悉心分配，一家衣食之用者若干，教育子女之費若干，餘者用以救助被赦而無業之人。彼每日作工，自朝六時至晚六時，而以其暇時及安息日，為被赦之人謀職業。行

之十年，所救助者凡三百餘人。由此觀之，人苟有志於公益，則無論貧富，未有不達其志者，勉之而已。

[譯文]

凡有我們共同享受的利益，就有共同愛護的責任，這些在〈注意公眾衛生〉和〈愛護公共之建築及器物〉等篇章中都已經講過了。對於已經建成的公益事業，我們應當愛護它們；那些沒有建成的公益事業，我們應當全力建設。

從古代開始，我們中國人對於建橋梁、鋪公路、築糧倉、修學校這類的事情，大多不靠政府經營，而是以私人名義互相集資而完成。近來還有獨立完成修建學校義舉的人，如浙江的葉澄衷先生，靠小商販起家，至晚年累積了數百萬資金，於是拿出其中的十分之一，用來建設澄衷學堂。江蘇的楊錦春先生，以木匠起家，晚年累積十餘萬資金，於是拿出其中的十分之三，用來建設浦東中學校。這兩個都是最著名的例子。

雖是這樣，但是公益事業並非一定要等到富有後才去做。山東的武訓先生，靠乞討來供奉生母，對自己因為貧困而失學行乞充滿遺憾，於是立志籌集資金建設一所學校，以使那些孤兒和窮人家的孩子，得到應受的教育。他堅持不懈十多年，最終達成了自己的志向。像武訓這樣一個沒有職業的乞丐，還能盡力於公益事業，何況那些有職業的人們呢？

英國人翰回，是一個商人，自己生活非常節儉，卻樂善好施；他曾經鋪設倫敦大道；又感覺本國的育嬰院修造得不夠完善，便自己趕赴法國、荷蘭等國考察；回國後他著書描述途中的見聞，自此以後英國的育嬰院修建得到改良。他死後，遺產不到兩千英鎊，全部散發給那些孤貧

的人。英國的沙伯，是個織麻的工人，後來成為一個炮廠的書記員，立志於解放黑奴的事業。他曾經為了給黑奴辯護，全心研究民法，最終精通此法；他又與志同道合的人開設一個解放黑奴的公司，使大批黑奴由此而獲釋得以自由。英國的萊伯，是一個鋼鐵工人，他擔心那些出獄的罪犯往往因無業而再次踏上犯罪的道路，便想對他們施以救助；他一年的收入不到一百英鎊，為了救助別人，他細心地分配家庭開支，比如一家吃穿日用費用多少，教育子女的費用多少，剩餘的錢就用於救助那些獲釋而無業的人。他每天從早上六點工作到晚上六點，剩餘的閒暇時間和休息日，他就為獲釋的人謀求職業。這樣做了十年，得到他救助的總共有三百餘人。這樣看來，人們如果有志於公益事業，那麼無論貧富，只要勤勤懇懇認真去做，就沒有達不到目標的。

己所不欲勿施於人

　　子貢問於孔子曰：「有一言而可以終身行之者乎？」孔子曰：「其恕乎：己所不欲，勿施於人。」他日，子貢曰：「我不欲人之加諸我也，我亦欲無加諸人。」舉孔子所告，而申言之也。西方哲學家之言曰：「人各自由，而以他人之自由為界。」其義正同。例如我有思想及言論之自由，不欲受人之干涉也，則我亦勿干涉人之思想及言論；我有保衛身體之自由，不欲受人之毀傷也，則我亦勿毀傷人之身體；我有書信祕密之自由，不欲受人之窺探也，則我亦慎勿窺人之祕密；推而我不欲受人之欺詐也，則我慎勿欺詐人；我不欲受人之侮慢也，則我亦慎勿侮慢人。事無大小，一以貫之。

　　顧我與人之交際，不但有消極之戒律，而又有積極之行為。使由前者而下一轉語曰：「以己所欲施於人。」其可乎？曰是不盡然。人之所欲，偶有因遺傳及習染之不善，而不軌於正者。使一切施之於人，則亦或無益而有損。例如腐敗之官僚，喜受屬吏之諂媚也，而因以諂媚於上官，可乎？迷信之鄉愚，好聽教士之附會也，而因以附會於親族，可乎？至於人所不欲，雖亦間有謬誤，如惡聞、直言之類，然使充不欲勿施之義，不敢以直言進人，可以婉言代之，亦未為害也。

　　且積極之行為，孔子固亦言之曰：「己欲立而立人，己欲達而達人。」立者，立身也；達者，道可行於人也。言所施必以立達為界，言所勿施則以己所不欲概括之，誠終身行之而無弊者矣。

[譯文]

子貢問孔子：「有沒有可以一輩子奉行的一句話啊？」孔子說：「有啊，那就是寬恕啊。自己不想要的，就不要施加給別人。」又一天，子貢說：「我不想讓別人施予我什麼，我也不想施予別人什麼。」這是他依據孔子告誡的話而引申出的言論。西方的哲學家說：「人人都有自由，而以不干涉他人的自由為界限。」上述言論的含義都是一致的。例如我有思想和言論的自由，不想受別人的干涉，那麼我也不干涉別人的思想和言論；我有保護身體的自由，不想受別人的傷害，那麼我也不傷害別人的身體；我有通訊隱私的自由，不想受到別人的暗中窺探，那麼我也謹慎地不窺探別人的私密；由此推而廣之，我不想被別人欺騙，那麼我也謹慎地不欺騙別人；我不想受到別人的欺侮怠慢，那麼我也謹慎地不欺侮怠慢別人。事情無論大小，其中的做法都是一樣的。

看看自己與他人的交往，不僅有消極的戒律，也有積極的行為。假使由前面孔子的那句話，轉而引申為「自己想要的，就施加給別人」這句話，可以嗎？回答是不完全這樣。人們的慾望，有時會因為遺傳和環境的不良影響，而不合乎正道。如果把自己想要的所有東西全都施加給別人，那麼可能不會有好處，反而有壞處。例如腐敗的官僚，喜歡下屬的阿諛奉承，於是也像下屬一樣對上司阿諛奉承，可以嗎？迷信的鄉民，喜歡聽傳教士的亂說，於是也像傳教士一樣向親屬們亂說一通，可以嗎？至於說到自己不想要的而不施加給別人，雖然有時也出現錯誤，如對不好的聲名、直白的諫言之類，就不能自己不想要而不施加給別人，但如果按照「不欲勿施」的意思，不以直言規勸，而是以委婉之言代替，也未必就不對。

況且對於積極的行為，孔子固然也評說過：「自己想要立業，就要讓別人立業；自己想要成功，就要讓別人成功。」立，就是在社會上站穩腳跟；達，就是行路通暢。所以說施加給別人的，一定要以「立達」為基本原則；不施加給別人的，就以自己不想要的來概括。如果一個人終身都是這樣行事的話，那麼他就沒什麼弊端了。

責己重而責人輕

　　孔子曰：「躬自厚，而薄責於人，則遠怨矣。」韓退之又申明之曰：「古之君子，其責己也重以周，其責人也輕以約。重以周，故不怠；輕以約，故人樂為善。」其足以反證此義者，孟子言父子責善之非，而述人子之言曰：「夫子教我以正，夫子未出於正也。」原伯及先且居皆以效尤為罪咎。椒舉曰：「唯無瑕者，可以戮人。」皆言責人而不責己之非也。

　　准人我平等之義，似乎責己重者，責人亦可以重，責人輕者，責己亦可以輕。例如多聞見者笑人固陋，有能力者斥人無用，意以為我既能之，彼何以不能也。又如怙過飾非者，每喜以他人同類之過失以自解，意以為人既為之，我何獨不可為也。不知人我固當平等，而既有主觀、客觀之別，則觀察之明晦，顯有差池，而責備之度，亦不能不隨之而進退。蓋人之行為，常含有多數之原因：如遺傳之品性，漸染之習慣，薰受之教育，拘牽之境遇，壓迫之外緣，激刺之感情，皆有左右行為之勢力。行之也為我，則一切原因，皆反省而可得。即使當局易迷，而事後必能審定。既得其因，則遷善改過之為，在此可以致力：其為前定之品性、習慣、及教育所馴致耶，將何以矯正之；其為境遇、外緣、及感情所逼成耶，將何以調節之。既往不可追，我固自怨自艾；而苟有不得已之故，絕不慮我之不肯自諒。其在將來，則操縱之權在我，我何餒焉？至於他人，則其馴致與迫成之因，決非我所能深悉。使我任舉推得之一因，而嚴加責備，寧有當乎？況人人各自有其重責之機會，我又何必越俎而代之？故責己重而責人輕，乃不失平等之真意，否則，跡若平而轉為不平之尤矣。

[譯文]

孔子說：「嚴格要求自己，而少去責怪別人，那麼就可以遠離抱怨了。」韓愈對此又作解釋：「古代的君子，對自己的要求嚴格而又周全，對別人的要求寬鬆而又簡約。嚴格而又周全，所以不會懈怠；寬鬆而又簡約，所以人們樂於做善事。」我們還能用反面例子來說明這個意思，孟子在說到父子互相勸勉從善的時候，轉述做兒子的話說：「您教我要走正道，可是您自己卻沒有走正道。」原伯和先且居都認為仿效壞人的言行是罪惡。椒舉說：「只有言行端正的人，才可以隨意指責別人。」這些都是說只責怪別人而不責怪自己的錯誤。

按照人人平等的原則，似乎對自己嚴格要求，也可以對別人嚴格要求，對別人要求寬鬆，也可以對自己要求寬鬆。例如見多識廣的人嘲笑別人孤陋寡聞，有能力的人斥責別人無用，認為既然我自己都能做，為什麼你就不能做。又比如掩飾自己錯誤的人，往往喜歡用他人的同樣錯誤來為自己辯解，認為既然你都這樣做了，為什麼我就不能做。有這種想法的人，不知道我與別人固然是平等的，但是，既然有主觀、客觀的區別，那麼觀察事物能力的大小，很明顯會有差別，於是責備的程度，也不能不隨之變化、因人而異。人們的行為，常常包含了很多原因，如遺傳的品性，陶冶的習慣，接受的教育，遭受的境遇，外界的壓迫，情感的刺激，等等，都有影響人們行為的力量。行為既然為我所為，那麼一切行為的原因，都可以透過自我反省而得到解釋。即使是行為當事人容易迷惑，但事情過後一定會弄明白。如果知道了行為的原因，那麼改邪歸正，就可以透過以下方面的努力達到：那些因為從前的品性、習慣和不良的教育等所導致的錯誤，將怎樣去進行糾正；那些因為人生遭遇、外界因素和情感刺激而被迫形成的錯誤，將如何去進行調節。過去的東

西不可能再追回來，我自然會自己抱怨自己；但是如果有迫不得已的原因，那就應該自己原諒自己。未來的日子，操縱行為的權力在我自己手中，我為什麼從此氣餒呢？至於別人，對於他們所受的教育及外界客觀原因，絕不可能是我自己所能深刻理解的。假如由我隨意去推測他們行為的原因，並由此去對別人妄加責備，這樣恰當嗎？何況人人都有自我嚴格要求的機會，我又何必去做不屬於自己職權範圍內的事情呢？所以對自己要求嚴格而對別人要求寬鬆，這樣才不違背人人平等原則的真諦。否則，表面上看似平等，實際上卻非常不平等。

勿畏強而侮弱

崧高之詩曰：「人亦有言：柔則茹之，剛則吐之。唯仲山甫，柔而不茹，剛亦不吐，不侮鰥寡，不畏強禦。」人類之交際，彼此平等；而古人乃以食物之茹、吐為比例，甚非正當；此仲山甫之所以反之，而自持其不侮弱、不畏強之義務也。

畏強與侮弱，其事雖有施受之殊，其作用亦有消極與積極之別。然無論何一方面，皆蔽於強弱不容平等之謬見。蓋我之畏強，以為我弱於彼，不敢與之平等也。則見有弱於我者，自然以彼為不敢與我平等而侮之。又我之侮弱，以為我強於彼，不必與彼平等也，則見有強於我者，自然以彼為不必與我平等而畏之。跡若異而心則同。矯其一，則其他自隨之而去矣。

中國壯俠義之行有曰：「路見不平，拔刀相助。」言見有以強侮弱之事，則亟助弱者以抗強者也。夫強者尚未浼我，而我且進與之抗，則豈其浼我而轉畏之；弱者與我無涉，而我且即而相助，則豈其近我而轉侮之？彼拔刀相助之舉，雖曰屬之俠義，而抱不平之心，則人所皆有。吾人苟能擴充此心，則畏強侮弱之惡念，自無自而萌芽焉。

[譯文]

《詩經·崧高》中說：「人們常說：柔軟的東西就吞下去，剛硬的東西就吐出來。只有仲山甫柔軟的東西不吞下去，剛硬的東西不吐出來，不欺負孤獨無助的人，不害怕強權暴力的人。」人際交往，互相平等；古人用食物的吞、吐對此作比喻，很不恰當；這個仲山甫之所以與一般人

的行為不一樣，是因為他自己堅持履行不欺軟怕硬的義務。

懼怕強暴和欺負弱小，這兩件事的主體雖然有施加與承受的分別，其作用也有積極與消極的區別。但無論任何一方，都受到了強弱不能平等的錯誤觀念的矇蔽。我畏懼強者，認為自己比強者弱，所以不敢和他抗衡；於是遇到比自己弱的人，自然就會認為對方不敢與我抗衡便去欺負他。還有我欺負弱者，認為我自己強於對方，沒有必要與對方平起平坐，於是遇到強於我的人，自然會以為對方不想與我平等，所以畏懼他。上述現象表面上看似不同，而實際內心想法一致。糾正其中一種，另一種現象自然隨之消失。

我們在稱讚俠義的行為時說：「路見不平，拔刀相助。」說的是，看到恃強凌弱的行為，就應當立即幫助弱者以抗擊強暴。強者還沒有侵犯我，而我就已經主動上前與之抗爭，那他就會因我的抗爭由侵犯我轉為害怕我；弱者與我素不相識，而我卻主動上前鼎力相助，那他就會與我同仇敵愾而擺脫受欺負的境遇。那種拔刀相助的舉動，雖然我們稱其為俠義之舉，並且胸懷打抱不平之善心，但卻是人人所共有的一種精神。我們如果能發揚光大這種精神，那麼懼強欺弱的不好念頭，自然就沒有萌發的條件了。

愛護弱者

　　前於〈勿畏強而侮弱〉說,既言抱不平理。此對於強、弱有衝突時而言也。實則吾人對於弱者,無論何時,常有惻然不安之感想。蓋人類心理,以平為安,見有弱於我者,輒感天然之不平,而欲以人力平之。損有餘以益不足,此即愛護弱者之原理也。

　　在進化較淺之動物,已有實行此事者。例如祕魯之野羊,結隊旅行,遇有獵者,則羊之壯而強者,即停足而當保護之沖,俟全隊畢過,而後殿之以行。鼠類或以食物餉其同類之饑者。印度之小鳥,於其同類之饑者、或受傷者,皆以時贍養之。豈是進化之深如人類,而羊、鼠、小鳥之不如乎?今日普通之人,於舟車登降之際,遇有廢疾者,輒為讓步,且值其艱於登降而扶持之。坐車中或婦女至而無空座,則起而讓之;見其所攜之物,有較繁重者,輒為傳遞而安頓。此皆愛護弱者之一例也。

　　航行大海之船,猝遇不幸,例必以救生之小舟,先載婦孺。俟有餘地,男子始得而占之。其有不明理之男子,敢與婦孺爭先者,雖槍斃之,而不為忍。為愛護弱者計,急不暇擇故也。

　　戰爭之不免殺人,無可如何也。然已降及受傷之士卒,敵國之婦孺,例不得加以殘害。德國之飛艇及潛水艇,所加害者眾矣;而輿論攻擊,尤以其加害於婦孺為口實。亦可以見愛護弱者,為人類之公意焉。

[譯文]

　　在前篇〈勿畏強而侮弱〉一文中,我已經講了打抱不平的道理。這是針對強、弱互相衝突時所說的。實際上我們對於弱者,常常有惻隱之情

和不安的心理。人心都是以平等為安心,看見有比我弱的人,就感到上天對人的不公平,於是想以人力促成人與人之間的平等。減少富餘彌補不足,以達到平等,這就是愛護弱者的原理。

進化程度低的動物,都有愛護弱者的行為。例如祕魯的野羊,結隊而行,遇到襲擊羊群的獵人,身體強壯的羊挺身而出,止步保護羊群前行,待所有的羊安全經過後,才押後而行。鼠類動物中有的把食物分給雙目失明的同伴。印度有一種小鳥,對於雙目失明或受傷的同伴,都按時給予贍養。進化程度高的人類,難道就不如羊、鼠和小鳥嗎?今天的普通人,在上下車船的時候,遇到身體殘疾的人,馬上為他讓路,並在他們上下車船不方便時及時施以援手。乘車中有時遇上婦女上車沒有座位,就起身給她們讓座;看見她們攜帶重物,就為她們傳遞安放。這些都是愛護弱者的例子。

大海中航船,遇上不幸,按慣例都是先用救生舟將婦女兒童運載至安全地帶。等到有空船了,男子才能夠登上。如果有不講道理的男子,為了逃生敢與婦女兒童爭搶位子,即便是現場槍斃了他們,也不為過。這是為了愛護弱者,情急之下不擇手段的緣故。

戰爭避免不了要殺人,這是沒有辦法的事。然而已經投降和受傷的士兵,交戰國的婦女兒童,按照慣例不得對他們加以殘害。德國的飛艇和潛水艇,在一戰時加害於無辜的婦女兒童不在少數;而輿論對德軍的口誅筆伐,尤其是把他們加害於婦女兒童作為重要證據。這也可以看出,愛護弱者,是人類共同的意願。

愛物

　　孟子有言：「親親而仁民，仁民而愛物。」人苟有親仁之心，未有不推以及物者，故曰：「君子之於禽獸也：見其生，不忍見其死，聞其聲，不忍食其肉。」孟孫獵，得麑，使秦西巴載之，持歸，其母隨之，秦西巴弗忍而與之。孟孫大怒，逐之。居三月。復召以為子傅，曰：「夫不忍於麑，又且忍於兒乎？」可以證愛人之心，通於愛物，古人已公認之。自近世科學進步，所以誘導愛物之心者益甚。其略如下：

　　一、古人多持「神造動物以供人用」之說。齊田氏祖於庭，食客千人。中有獻魚雁者。田氏視之，乃嘆曰：「天之於民厚矣！殖五穀，生魚鳥，以為之用。」眾客和之如響。鮑氏之子，年十二，預於次，進曰：「不如君言。天地萬物，與我並生，類也。類無貴賤，徒以大小智力而相制，迭相食，非相為而生之。人取可食者而食之，豈天本為人生之？且蚊蚋膚，虎狼食肉，豈天本為蚊蚋生人，虎狼生肉者哉？」鮑氏之言進矣。自有生物進化學，而知人為各種動物之進化者，彼此出於同祖，不過族屬較疏耳。

　　二、古人又持「動物唯有知覺，人類獨有靈魂」之說。自生理學進步，而知所謂靈魂者，不外意識之總體。又自動物心理學進步，而能言之狗，知算之馬，次第發現，亦知動物意識，固亦猶人，特程度較低而已。

　　三、古人助力之具，唯賴動物；竭其力而猶以為未足，則恆以鞭策叱吒臨之，故愛物之心，常為利己心所抑沮。自機械繁興，轉運工業，耕耘之工，向之利用動物者，漸以機械代之。則虐使動物之舉，為之漸減。

四、古人食肉為養生之主要。自衛生發見肉食之害，不特為微生蟲之傳導，且其強死之時，發生——種毒性，有妨於食之者。於是蔬食主義漸行，而屠獸之場可望其日漸淘汰矣。

方今愛護動物之會，流行漸廣，而屠獵之舉，一時未能絕跡；然授之以漸，必有足以完愛物之量者。昔晉翟莊耕而後食，唯以弋釣為事，及長不復獵。或問：「漁獵同是害生之事，先生只去其一，何哉？」莊曰：「獵是我，釣是物，未能頓盡，故先節其甚者。」晚節亦不復釣。全世界愛物心之普及，亦必如翟莊之漸進，無可疑也。

[譯文]

孟子曾經說過：「對親人親近就會對百姓仁愛，對百姓仁愛就會愛惜萬物。」人們如果有親近和仁愛的善心，就會由此將善心推及萬物。所以說：「君子面對家禽和野獸，看到牠們活蹦亂跳的，就不忍心看到牠們死去；聽到牠們的叫聲，就不忍心吃牠們的肉。」孟孫打獵時，獵獲了一隻小鹿，讓秦西巴用車拉回去。小鹿的母親一直隨車跟著，秦西巴不忍心，把小鹿放回母親身邊。孟孫得知後大為憤怒，趕走了秦西巴。過了三個月，孟孫又把秦西巴召回，請他做自己兒子的老師。他對人說：「他連小鹿都不忍心加害，又怎麼會加害於小孩呢？」這足以說明愛人之心與愛物之心是相通的，古人早已公認了。近代以來，隨著科學的進步，能夠引導人們養成愛護萬物習慣的觀點和方法也更多了。大體如下：

一、古人多持有「神創造動物供人享用」的觀點。齊國田氏在庭院中祭祖，食客有一千人。來的食客中有獻魚和大雁的。田氏看到魚雁後，感嘆道：「上天對人類太好了！生長出五穀和魚鳥供他們享用。」賓客們都大聲地附和他。鮑氏的兒子，十二歲，坐在次席上，上前說道：「事

情並不是您說的那樣。天地萬物，和我們一起生長，只是種類不同而已。種類沒有貴賤之分，只是以大小和智力等因素相互制約，相互之間取另外的種類為自己的所食之物，而不是為對方而生存。人類取自己可以吃的東西而食，哪裡是上天對人類的賜予？況且蚊子刺入人的皮膚吸血，虎狼吃肉，難道是上天為蚊子的生存而創造人，為虎狼的生存而創造肉？」姓鮑的這個小孩說的話夠先進的。自從生物進化的學說誕生以來，我們已經認識到人類都是由別的動物進化而來的，彼此同屬於一個祖先，只不過各自的種類關係比較疏遠罷了。

　　二、古人又持有「動物只有知覺，只有人類才有靈魂」的觀點。隨著生理學的進一步發展，人們知道了所謂的靈魂，不過是思想意識的總和。後來隨著動物心理學的進一步發展，又先後發現了能說話的狗、會算數的馬，於是我們又知道動物的意識，本來就和人類一樣，只不過與人類相比程度較低而已。

　　三、古代替人助力的工具，只是依賴動物；在耗盡動物的力氣後卻還嫌其沒有用盡全力，於是驅使的人便不斷地用鞭子抽打並喝斥牠們，這樣愛物之心就常被利己之心所抑制。自從機器製造業繁盛以來，運輸和耕作這些長期以來利用動物的工作，逐漸被先進的機器所替代。於是虐待使用動物的行為就漸漸地減少了。

　　四、古人把吃肉當做養生的主要手段。現在衛生科學發現了吃肉的害處，肉食不僅僅傳播微生物，而且微生物死亡的時候，會產生一種病毒，有害於吃肉的人。因此放棄食肉的素食主義逐漸流行開來，屠宰場將來有望漸漸消失。

　　現在保護動物的組織越來越多起來，但屠宰和捕獵動物的行為，卻一時間沒能絕跡；然而對這種行為進行循序漸進的教育，一定能使人們

養成愛護萬物的寬懷大量。古代晉國的翟莊，耕作之後才吃飯，平常只以打獵釣魚為樂事，年老後他卻不再打獵。有人問他：「釣魚和打獵都是戮殺生命的行為，您只去掉打獵一項，這是為什麼呢？」翟莊說：「打獵是我主動下手，釣魚是魚被引誘上鉤，這兩種行為我不能一下子全部戒掉，所以先戒掉對生命傷害最嚴重的打獵。」翟莊從此後晚年再也不釣魚了。可以預見，全人類愛物之善心也必將像翟莊一樣逐漸推廣普及，這是毫無疑問的。

戒失信

失信之別有二：曰食言，曰愆期。

食言之失，有原於變計者，如晉文公伐原，命三日之糧，原不降，命去之。諜出曰：「原將降矣。」軍吏曰：「請待之。」是也。有原於善忘者，如衛獻公戒孫文子、寧惠子食，日旰不召，而射鴻於囿，是也。有原於輕諾者，如老子所謂「輕諾必寡信」是也。然晉文公聞軍吏之言而答之曰：「得原失信，將焉用之？」見變計之不可也。魏文侯與群臣飲酒樂，而天雨，命駕，將適野。左右曰：「今日飲酒樂，天又雨，君將安之？」文侯曰：「吾與虞人期獵，雖樂，豈可無一會期哉？」乃往身自罷之，不敢忘約也。楚人諺曰：「得黃金百，不如得季布諾。」言季布不輕諾，諾則必踐也。

愆期之失，有先期者，有後期者，有待人者，有見待於人者。漢郭伋行部，到西河美稷，有童兒數百，各騎竹馬，道次迎拜。及事訖，諸兒復送至郭外，問使君何日當還。伋計日告之。行部既還，先期一日，伋謂違信於諸兒，遂止於野，及期乃入。明不當先期也。漢陳太丘與友期行日中，過中不至。太丘捨去。去後乃至。元方時七歲，戲門外。客問元方：「尊君在否？」答曰：「待君久不至，已去。」友人便怒曰：「非人哉，與人期行，相委而去。」元方曰：「君與家君期，日中不至，則是失信。」友人慚。明不可後期也。唐肖至忠少與友期諸路。會雨雪。人引避。至忠曰：「豈有與人期，可以失信？」友至，乃去。眾嘆服。待人不愆期也。吳卓恕為人篤信，言不宿諾，與人期約，雖暴風疾雨冰雪無不至。嘗從建業還家，辭諸葛恪。恪問何時當復來。恕對曰：「某日當復

親覲。」至是日,恪欲為主人,停不飲食,以須恕至。時賓客會者,皆以為會稽、建業相去千里,道阻江湖,風波難必,豈得如期。恕至,一座皆驚。見待於人而不愆期也。

夫人與人之關係,所以能預計將來,而一一不失其秩序者,恃有約言。約而不踐,則秩序為之紊亂,而猜疑之心滋矣。愆期之失,雖若輕於食言,然足以耗光陰而喪信用,亦不可不亟戒之。

[譯文]

不講信用的行為有兩種:說話不算數和不遵守時間。

說話不算數的過失,有的是緣於計畫的臨時更改,如晉文公討伐原國,事先命令將士準備三天的糧草,只攻打三天,沒想到原國堅守拒降,三天後晉文公命令退軍。這時派去的間諜跑來說:「原國將要投降了。」軍官們勸阻說:「請等一下再撤軍吧。」軍官們的言行就是自食其言。有的是緣於遇事健忘,如衛獻公請孫文子、寧惠子吃飯,天色很晚了他還在花園中射大雁,卻忘記請吃之事,一直沒有召見孫文子和寧惠子。這也是屬於說話不算數的例子。有的是緣於草率地許諾,如老子所說的「輕易許諾的人肯定很少守信用」就是這種情況。但是守信的晉文公聽到軍官們的勸說,卻回答:「得到原國而失去信用,那又有什麼用呢?」由此可見臨時變更計畫也是不可取的。魏文侯計劃與群臣設宴飲酒作樂,偏遇下雨,他便命令將車駕到野外。身邊的人說:「今天飲酒作樂,而天又下雨,您看怎麼辦呢?」魏文侯說:「我與虞人約好打獵,雖是娛樂之事,但怎麼能不遵守約會的時間呢?」於是他親自向虞人說明情況解除約定,卻不敢私自毀約。楚人有諺語說:「得到一百兩黃金,還不如得到季布的許諾值錢。」這是說季布不輕易許諾,如果向別人許諾

過,就一定會兌現諾言。

不遵守時間的過失,有提前的,有延後的,有等待別人的,有被別人等待的。漢代的郭伋出行,到了西河美稷,有幾百個兒童,各自騎著竹馬,在道路旁邊迎接候拜。事情結束後,那些兒童們又將郭伋送到城外,問他什麼時候回來。郭伋計算好日期告訴了他們。郭伋回來後,發現比原先告訴兒童們的歸期早了一天,他覺得這樣違背了與兒童們的時間約定,便在野外留宿,到了約定的時間才進城。郭伋以此行為表明不應當先於預期的時間而失信。漢代的陳太丘與朋友約定中午外出,沒想到過了中午朋友還沒有如約前來。陳太丘只得先走。陳太丘走後不久,他的朋友就來了。陳太丘的兒子陳元方時年七歲,當時正在門外玩耍。姍姍來遲的那位朋友問陳元方:「你父親在家嗎?」陳元方回答說:「我父親等您很久您都沒有來,他已經走了。」那位朋友便生氣地說:「這人不道地,和別人約好了一起出行,卻丟下別人自個兒走了。」陳元方說:「您和我父親約好了時間,到了中午還不來,這是不守信用。」那位朋友自覺很慚愧。這件事說明與人相約不能延期。唐代的肖至忠年輕時與朋友相約在路上相見,正好趕上雨雪天氣。路上雨雪大,別人勸他迴避一下,而他卻說:「哪能與別人約好了,卻因為天氣原因而與別人失約呢?」朋友來了,他才離去。眾人對他這種守約行為非常讚嘆。吳國的卓恕為人誠懇守信,從不失信於人,與別人相約,即使遇上暴風驟雨、冰天雪地也如期赴約。有一次,他從建業回家,向諸葛恪辭別。諸葛恪問他什麼時候返回,他回答道:「某天要再來親自拜訪您。」到了卓恕約定的這一天,諸葛恪想盡東道之誼,大宴賓客,為了等卓恕前來,宴席暫停。當時赴會的賓客們,都以為會稽、建業兩地相隔千里之遙,江河險阻,路有不測,卓恕哪能按時前來。沒想到卓恕按時赴約,滿座的人都非常驚訝。由此可見人際交往也不能不守時間。

人與人之間的關係，之所以能預見將來，而不會亂了秩序，是因為有事先的約定。有約定而不遵守，那麼秩序就被打亂，人與人之間猜疑之心便會產生。不守時的過失，雖然比說話不講信用輕些，然而這種情形足可以消耗時間、喪失信用，也是必須馬上禁止的。

戒狎侮

人類本平等也。而或乃自尊而卑人，於是有狎侮。如王曾與楊億同為侍從。億善談謔，凡寮友無所不狎侮，至與曾言，則曰：「吾不敢與戲。」非以自曾以外，皆其所卑視故耶？人類有同情也。而或者乃致人於不快以為快，於是狎侮。如王風使人蒙虎皮，怖其參軍陸英俊幾死，因大笑為樂是也。夫吾人以一時輕忽之故，而致違平等之義，失同情之真，又豈得不戒之乎？

古人常有因狎侮而得禍者。如許攸恃功驕慢，嘗於聚坐中呼曹操小字曰：「某甲，卿非吾不得冀州也。」操笑曰：「汝言是也。」然內不樂，後竟殺之。又如嚴武以世舊待杜甫甚厚，親詣其家，甫見之，或時不巾，而性褊躁，常醉登武床，瞪視曰：「嚴挺之乃有此兒。」武銜之。一日欲殺甫，左右白其母，救得止。夫操、武以不堪狎侮而殺人，固為殘暴；然許攸、杜甫，獨非自取其咎乎？

歷史中有以狎侮而啟國際間之戰爭者。春秋時，晉郤克與魯臧、孫許同時而聘於齊，齊君之母肖同姪子，蹲於踏而窺客，則客或跛或眇。於是使跛者迓跛者，眇者迓眇者，肖同姪子笑之，聞於客。二大夫歸，相與率師為鞌大戰。齊師大敗。蓋狎侮之禍如此。

其狎侮人而不受何種之惡報者，亦非無之。如唐高固久在散位，數為儕類所輕笑，及被任為邠寧節度使，眾多懼。固一釋不問。宋孫文懿公，眉州人，少時家貧，欲赴試京師，自詣縣判狀。尉李昭言戲之曰：「似君人物來試京師者有幾？」文懿以第三登第，後判審官院。李昭言者，赴調見文懿，恐甚，意其不忘前日之言也。文懿特差昭言知眉州。

如斯之類，受狎侮者誠為大度，而施者已不勝其恐懼矣。然則何樂而為之乎？

是故按之理論，驗之事實，狎侮之不可不戒也甚明。

[譯文]

人與人之間本是平等的。但有的人卻自高自大瞧不起別人，於是便有侮辱別人的言行。比如王曾與楊億都做過別人的侍從。楊億很幽默健談，凡是他的同事好友他都要取笑嘲弄。至於說到王曾，他卻說：「我不敢和他開玩笑。」難道是除了王曾，其餘的人都是楊億所瞧不起的嗎？其實人類是富有同情心的。但有些人卻以使別人不快樂為快樂，於是就嘲弄取笑別人。比如王風讓別人蒙上虎皮假扮老虎，幾乎把他的參軍陸英俊嚇死，而他自己事後卻開懷大笑以為樂事，就是這種情況。我們因為一時疏忽大意，而導致違背了人類平等的原則，喪失了同情別人的真心，這又怎麼能不引以為戒呢？

古人常常有因為嘲弄別人而惹禍的。如許攸自恃功高而傲慢待人，曾經在圍坐的眾人中直呼曹操的乳名說：「阿瞞，如果不是我的傾力相助，你恐怕得不到冀州。」曹操笑著說：「你說的是。」然而曹操內心不爽，後來找個理由竟把許攸殺掉了。又比如嚴武因為與杜甫家是世交，待杜甫很好，親自到杜家拜訪杜甫。杜甫見嚴武不合時尚，性格暴躁，便常常酒醉後爬上嚴武的床，瞪著嚴武說：「嚴挺之竟然有這樣的兒子。」嚴武便懷恨在心。後來有一天，嚴武想殺掉杜甫，幸好周圍的人及時發覺告訴了杜甫的母親，杜甫才得以獲救。曹操、嚴武都是因為不能忍受別人的侮辱而殺人，這種行為固然很殘暴；但許攸、杜甫難道不是咎由自取嗎？

歷史上有因為嘲弄取笑而直接導致兩國開戰的。春秋時期，晉國的郤克與魯臧、孫許同時出訪齊國，齊君的母親肖和她的姪子踮起腳來偷看來訪的使君，使君中有的是瘸子、有的是瞎子。於是齊國安排瘸子接待瘸子，瞎子接待瞎子，肖和她的姪子見此情形便笑了起來，不想被使君聽到了。晉國這兩個出使的大夫回國後，便一起率領軍隊和齊國在鞍大戰。結果齊國軍隊慘遭大敗。這就是因為嘲弄侮辱別人而招致的國禍。

那些嘲弄侮辱別人卻沒有遭到惡報的，也不是沒有。如唐朝的高固，很長時間官居閒散的位置上，多次被同伴嘲諷取笑，等到他被任命為邠寧節度使，那些先前嘲笑他的人多數害怕起來。然而高固一概不計前嫌。宋朝的孫文懿，眉州人，年輕時家裡很窮，想去京城參加科舉考試，自己到縣衙開取推薦文書。縣尉李昭言對他開玩笑說：「像你這種人去京城趕考的有幾個？」沒想到最終孫文懿以第三名的成績金榜題名，後來到審官院任職。那個叫李昭言的，因有調任奉命去拜見孫文懿，心裡非常害怕，以為孫文懿不會忘記自己先前調笑他的話。哪知孫文懿特意差遣李昭言去做眉州知州。像這類情況，受嘲弄侮辱的人固然豁達大度，但嘲弄侮辱別人的人卻整天擔驚受怕。既然如此，那麼當初何苦那樣樂意於做嘲弄侮辱別人的事呢？

所以，無論從道理上講，還是以事實來檢驗，嘲弄侮辱別人的言行都不能不禁止，這是很清楚的。

戒謗毀

人皆有是非之心：是曰是，非曰非，宜也。人皆有善善惡惡之情：善者善之，惡者惡之，宜也。唯是一事之是非，一人之善惡，其關係至為複雜，吾人一時之判斷，常不能據為定評。吾之所評為是、為善，而或未當也，其害尚小。吾之所評為非、為惡，而或不當，則其害甚大。是以吾人之論人也，苟非公益之所關，責任之所在，恆揚其是與善者，而隱其非與惡者。即不能隱，則見為非而非之，見為惡而惡之，其亦可矣。若本無所謂非與惡，而我虛構之，或其非與惡之程度本淺，而我深文周納之，則謂之謗毀。謗毀者，吾人所當戒也。

吾人試一究謗毀之動機，果何在乎？將忌其人名譽乎？抑以其人之失意為有利於我乎？抑以其人與我有宿怨，而以是中傷之乎？凡若此者，皆問之良心，無一而可者也。凡譖謗人者，常不能害人，而適以自害。漢申咸毀薛宣不孝，宣子況賕客楊明遮斫咸於宮門外。中丞議不以凡鬥論，宜棄市。朝廷直以為遇人，不以義而見疻者，宜與疻人同罪，竟減死。今日文明國法律，或無故而毀人名譽，則被毀者得為賠償損失之要求，足以證謗毀者之適以自害矣。

古之被謗毀者，亦多持不校之義，所謂止謗莫如自修也。漢班超在西域，衛尉李邑上書，陳西域之功不可成，又盛毀超。章帝怒，切責邑，令詣超受節度。超即遣邑將烏孫侍子還京師。徐幹謂超曰：「邑前毀君，欲敗西域，今何不緣詔書留之，遣他吏送侍子乎？」超曰：「以邑毀超，故今遣之。內省不疚。何恤人言？」北齊崔暹言文襄宜親重邢卲。卲不知，顧時毀暹。文襄不悅，謂暹曰：「卿說子才（卲字子才）長，子

才專言卿短。此痴人耳。」暹曰：「皆是實事。劭不為痴。」皆其例也。雖然，受而不校，固不失為盛德；而自施者一方面觀之，不更將無地自容耶？吾人不必問受者之為何如人，而不可不以施為戒。

[譯文]

　　人人都有是非判別的心理：對的就說對，錯的就說錯，這是應該的。人人都有讚好、憎惡的情感：善待好的，憎惡壞的，這也是應該的。只是一件事情的是與非，一個人的善與惡，其中的關係很複雜，我們一時的判斷，往往不能作為定論。我們所作出的判斷是正確的、善的，但有時並不恰當，這種不恰當的判斷所造成的害處不會很大。而我們所作出的判斷是錯誤的、惡的，如果不恰當，那麼它的害處就會很大。所以我們評判一個人，只要不是關係到公共利益和社會責任，就應該堅持宣揚他的對與善的地方，而掩蓋他的錯與惡的地方。即使不能掩蓋，那麼發現他的錯誤之處就予以否定，發現他的惡處就予以責罰，這也是可以的。如果一個人本身沒有什麼錯與惡，而是我為他憑空虛構的，或者這個人錯與惡的程度並不嚴重，而是我對他故意誇大其詞，那就是對他的誹謗。誹謗，是我們應當禁止的。

　　我們試著來探究一下誹謗的動機到底是什麼呢？是嫉妒別人的名譽嗎？還是以為別人的失意對自己有利？還是別人與自己有宿怨，便以誹謗來中傷別人？所有這些，我們不妨叩問自己的良心，沒有一個是可以做的。凡是誹謗別人的人，常常害不了別人，到頭來卻自己害自己。漢代申咸誹謗薛宣不孝道，薛宣兒子薛況的門客楊明，在宮門外打傷了申咸。御史中丞認為這件事不能以平民百姓間的爭鬥來定論，要把薛況處以死刑。但朝廷大臣以為，申咸是因為沒有以正直之心去對待別人而遭

到報復，他應該與施加報復的人同罪論處，最後薛況竟被免除死罪。今天文明國家的法律明文規定，如果有人無緣無故毀壞別人名譽，那麼受毀者有權要求對方給予賠償，這足以證明誹謗者剛好自己害自己。

　　古時那些被誹謗的人，大都也採取不申辯的態度，這就是人們所說的，阻止別人的誹謗最好的方法莫過於首先加強自身修養。漢代的班超受命出使西域，衛尉李邑向皇帝上書，陳述班超經營西域的事業不可能成功，又極力詆毀班超，漢章帝大為憤怒，嚴厲斥責李邑，命令他到班超那裡去接受調遣。班超就派遣李邑帶領烏孫國的侍子回到京城。徐幹對班超說：「李邑先前誹謗您，想破壞您經營西域的功業，現在您為什麼不依據皇帝詔書把他留在西域，另派他人去送烏孫國的侍子呢？」班超說：「正是因為李邑先前誹謗了我，所以今天才派他回京城。我內心自省沒有愧疚，何必怕別人的議論呢？」北齊崔暹勸文襄帝高澄親近信賴邢卲。邢卲不知道這件事，卻瞅準機會不時地在文襄帝面前詆毀崔暹。文襄帝很不高興，對崔暹說：「你說邢卲的優點，而邢卲卻專門挑你的缺點。邢卲真是個糊塗人啊。」崔暹說：「這些都是事實。邢卲其實不糊塗。」這些都是很好的例子。雖然自己受到別人的誹謗卻不申辯，品德固然高尚；但從誹謗者的角度來看，他們不是更加無地自容了嗎？我們沒有必要追問受到誹謗的是些什麼人，但不能不勸誡和杜絕誹謗的言行。

戒罵詈

　　吾國人最易患之過失，其罵詈乎？素不相識之人，於無意之中，偶相觸迕，或驅車負擔之時，小不經意，彼此相撞，可以互相謝過了之者，輒矢口罵詈，經時不休。又或朋友戚族之間，論事不合，輒以罵詈繼之。或斥以畜類，或辱其家族。此北自幽燕，南至吳粵，大略相等者也。

　　夫均是人也，而忽以畜類相斥，此何義乎？據生物進化史，人類不過哺乳動物之較為進化者；而爬蟲實哺乳動物之祖先。故二十八日之人胎，與日數相等之狗胎、龜胎，甚為類似。然則斥以畜類，其程度較低之義耶？而普通之人，所見初不如是。漢劉寬嘗坐有客，遣蒼頭沽酒。遲久之。大醉而還。客不堪之，罵曰：「畜產。」寬須臾，遣人視奴，疑必自殺，顧左右曰：「此人也，罵言畜產，辱孰甚焉，故我懼其死也。」又苻秦時，王墮性剛峻，疾董榮如仇讎，略不與言，嘗曰：「董龍是何雞狗者，令國士與之言乎？」（龍為董榮之小字。）榮聞而慚憾，遂勸苻生殺之。及刑，榮謂墮曰：「君今復敢數董龍作雞狗乎。」夫或恐自殺，或且殺人，其激刺之烈如此。而今之人，乃以是相詈，恬不為怪，何歟？

　　父子兄弟，罪不相及，怒一人而辱及其家族，又何義乎？昔衛孫蒯飲馬於重丘，毀其瓶，重丘人詬之曰：「爾父為厲。」齊威王之見責於周安王也，罵之曰：「叱嗟，爾母婢也。」此古人之詬及父母者也。其加以穢辭者，唯嘲戲則有之。《抱朴子・疾謬篇》曰：「嘲戲之談，或及祖考，下逮婦女。」既斥為謬而疾之。陳靈公與孔寧、儀行父通於夏徵舒之母，飲酒於夏氏。公謂行父曰：「徵舒似汝。」對曰：「亦似君。」靈公卒以是

為徵舒所殺。而今之人乃以是相詈,恬不為怪,何歟?

無他,口耳習熟,則雖至不合理之詞,亦復不求其故;而人云亦云,如嘆詞之暗嗚咄吒云耳。《說苑》曰:「孔子家兒不知罵,生而善教也。」願明理之人,注意於陋習而矯正之。

[譯文]

我們中國人最容易犯的錯誤,是不是罵人呢?從來不認識的人,在無意中,相互之間偶然發生點摩擦,或者是駕車挑擔子的時候,一不小心,彼此相撞,本來相互致歉就可以了結的,卻破口大罵,很長時間沒有休止。還有親戚朋友之間,討論事情如意見不合,就相互責罵起來,或者罵對方是牲畜,或者侮辱對方祖先。這種情況,北自河北,南至浙江、廣東等地,大體情形都是一樣的。

彼此都是人類,卻突然以牲畜辱罵對方,這是什麼道理啊?根據生物進化史,人類不過是哺乳動物中進化程度較高的;而爬行動物卻是哺乳動物的祖先。所以發育生長二十八天的人類胎兒,與發育生長天數相等的狗胎、龜胎十分相似。然而辱罵別人是牲畜,是嫌別人進化的程度較低嗎?但一般的人,最初的看法並不是這樣。漢代的劉寬曾經招待客人,派家奴去買酒。過了很久,家奴卻大醉而歸。客人不能忍受家奴的行為,罵道:「你簡直是牲畜養的。」過了一會兒,劉寬派人監視家奴,怕家奴受罵後會自殺,他對周圍的人說:「他也是人啊,你罵他是牲畜養的,還有比這更嚴重的侮辱嗎,所以我怕他會自殺啊。」還有前秦苻堅時,王墮性情剛直,痛恨董榮如同仇人,從來不跟他說話。王墮曾經說:「董榮是哪裡來的雞狗哦,怎麼能讓有識之士跟他說話?」董榮聽說後羞愧難當,就勸苻堅殺了王墮。等到行刑的時候,董榮對王墮說:「你

今天還敢罵我董榮是雞狗嗎？」對待辱罵，要麼自殺，要麼殺人，古人的選擇反差如此之大。但是今天的人，卻以這種方式互相責罵，還不覺得反常，這是為什麼呢？

父子兄弟，罪責不應該相互牽連。因為對一個人憤怒，進而侮辱他的家族，這是什麼道理呢？古時候衛國的孫蒯在重丘放馬飲水，不小心讓馬毀壞了飲水的器具，重丘的人就辱罵孫蒯說：「你家父親是一個暴虐的人。」齊威王被周安王責備，便怒罵周安王：「咄，你母親是別人的奴婢。」這是古人遷怒而辱罵別人父母的例子。那些罵人的髒話，只有在嘲笑戲弄的時候才出現。《抱朴子‧疾謬篇》說：「嘲笑戲弄的話，有的波及祖先，直到牽連婦女。」作者斥責這種荒謬的做法並痛恨它。陳靈公與孔寧、儀行父私通夏徵舒的母親，他們在夏徵舒母親那裡飲酒作樂。陳靈公對儀行父說：「夏徵舒像你。」儀行父說：「也像你。」陳靈公最終因為說這些話而被夏徵舒殺死。但是今天的人，卻以這種話相互責罵，並不以為怪，這是為什麼呢？

其實沒有別的原因，只是說慣了聽慣了而已，即使是最不合情理的話，也不會去追究說這些話的原因；而且人云亦云，就像是發感嘆那樣語氣自如。《說苑》說：「孔子家的孩子不會罵人，是因為他們生來就受到很好的家教。」希望明白事理的人們，注意自己的不良習慣並加以改正。

文明與奢侈

　　讀人類進化之歷史：昔也穴居而野處，今則有完善之宮室；昔也飲血茹毛，食鳥獸之肉而寢其皮，今則有烹飪、裁縫之術；昔也束薪而為炬，陶土而為燈，而今則行之以煤氣及電力；昔也椎輪之車，刳木之舟，為小距離之交通，而今則汽車及汽舟，無遠弗屆；其他一切應用之物，昔粗而今精，昔簡單而今複雜，大都如是。故以今較昔，器物之價值，百倍者有之，千倍者有之，甚而萬倍、億倍者亦有之，一若昔節儉而今奢侈，奢侈之度，隨文明而俱進。是以厭疾奢侈者，至於並一切之物質文明而屏棄之，如法之盧梭，俄之托爾斯泰是也。

　　雖然，文明之與奢侈，固若是其密接而不可離乎？是不然。文明者，利用厚生之普及於人人者也。敷道如砥，夫人而行之；漉水使潔，夫人而飲之；廣衢之燈，夫人而利其明；公園之音樂，夫人而聆其音；普及教育，平民大學，夫人而可以受之；藏書樓之書，其數巨萬，夫人而可以讀之；博物院之美術品，其值不貲，夫人而可以賞鑑之。夫是以謂之文明。且此等設施，或以衛生，或以益智，或以進德，其所生之效力，有百千兆於所費者。故所費雖多，而不得以奢侈論。

　　奢侈者，一人之費，逾於普通人所費之均數，而又不生何等之善果，或轉以發生惡影響。如《呂氏春秋》所謂「出則以車，入則以輦，務以自佚，命之曰招蹶之機；肥酒厚肉，務以自彊，命之曰爛腸之食」是也。此等惡習，本酋長時代所遺留。在昔普通生活低度之時，凡所謂峻宇雕牆，玉杯象箸，長夜之飲，遊畋之樂，其超越均數之費者何限？普通生活既漸高其度，即有貴族富豪以窮奢極侈著，而其超越均數之度，

絕不如酋長時代之甚。故知文明益進，則奢侈益殺。謂今日之文明，尚未能剷滅奢侈則可；以奢侈為文明之產物，則大不可也。吾人當詳觀文明與奢侈之別，尚其前者，而戒其後者，則折衷之道也。

[譯文]

我們來認識一下人類進化的歷史：古時候的人在野外住洞穴，今天的人卻有很好的住宅；古時候的人生吃動物，以鳥獸肉為食，以鳥獸皮為衣，今天的人卻掌握了烹飪、裁縫的技術；古時候的人把柴草捆起來當做火炬，用陶土做燈，而現在我們卻利用煤氣和電力照明；古時候的人用木頭做車輪，挖木做船，以此作為短距離的交通工具，而今天卻有汽車和汽船作為交通工具，無論多遠的地方都能到達；其他一切日常應用的東西，古時的粗糙而今天的精細，古時的簡單而今天的複雜，大都是這種情況。所以拿今天與古時相比，器物的價值，有超過古時一百倍的，有超過古時一千倍的，甚至萬倍、億倍的也有，就好比古時人節儉而今天的人奢侈，奢侈的程度，隨著文明的程式而加劇。所以痛恨奢侈的人，就連一切物質文明的成果都予以摒棄，如法國的盧梭、俄國的托爾斯泰就是這種人。

即使這樣，難道文明與奢侈就這樣關係密切而不可分離嗎？情況並非如此。文明，是充分利用自然資源而對人們廣泛有利。把道路鋪造得像平板一樣，供人行走；把水過濾乾淨，供人飲用；在大街上安燈，供人照明；在公園裡播放音樂，供人聆聽；普及教育，創辦平民大學，供人受教育；圖書館的藏書成千上萬，供人閱讀；博物館裡的美術作品，價值連城，供人鑑賞。這就是所謂的文明。而且這些設施，有些是用來改善衛生條件，有些是用來增益人們的智慧，有些是用來提升人們的道

德境界，這些設施所產生的效果，往往需要消耗成百上千甚至數以兆的費用。所以雖然費用巨大，但不能認定是奢侈行為。

　　奢侈，是一個人的消費，超過了普通人消費的平均數，而且又不能帶來任何益處，甚至產生惡劣的影響。如《呂氏春秋》所說：「出門用車，回家用輦，一定要讓自己出入舒服，其實這是招致摔倒的工具；大量飲酒大塊吃肉，一定要讓自己身體強壯，其實這是使腸胃得病的飲食。」這種惡習，本來是原始部落時代遺留下來的。在古代普通人生活條件很差的時候，所有的高大房屋、雕花的牆壁、玉石做的杯子、象牙做的筷子，通宵飲酒，遊獵之樂，這種奢侈的生活要超過平均生活費用多少啊？普通人的生活水準漸漸提高了，即使有貴族富豪窮奢極欲，但他們超過平均生活消費的程度，絕不會像部落酋長時期那麼嚴重。所以說文明程度越高，奢侈的行為就越來越少。說今天的文明，還不足以消除奢侈的行為，道理上說得通；但要以為奢侈是文明程式的產物，那就說不通了。我們應當詳細考察文明與奢侈的區別，推崇前者，力戒後者，才是恰當的做法。

理信與迷信

　　人之行為，循一定之標準，而不至彼此互相衝突，前後判若兩人者，恃乎其有所信。顧信亦有別，曰理信，曰迷信。差以毫釐，失之千里，不可不察也。

　　種瓜得瓜，種豆得豆，有是因而後有是果，盡人所能信也。昧理之人，於事理之較為複雜者，輒不能瞭然。於其因果之相關，則妄歸其因於不可知之神，而一切倚賴之。其屬於幸福者，曰是神之喜而佑我也，其屬於不幸福者，曰是神之怒而禍我也。於是求所以喜神而免其怒者，祈禱也，祭告也，懺悔也，立種種事神之儀式，而於其所求之果，渺不相涉也。然而人顧信之，是迷信也。

　　礎潤而雨，徵諸溼也；履霜堅冰至，驗諸寒也；敬人者人恆敬之，愛人者人恆愛之，符諸情也；見是因而知其有是果，亦盡人所能信也。昧理之人，既歸其一切之因於神，而神之情不可得而實測也，於是不勝其僥倖之心，而欲得一神人間之媒介，以為窺測之機關，遂有巫覡卜人星士之屬，承其乏而自欺以欺人：或託為天使，或詡為先知，或卜以龜蓍，或占諸星象，或說以夢兆，或觀其氣色，或推其誕生年月日時，或相其先人之墳墓，要皆為種種預言之準備，而於其所求果之真因，又渺不相涉也。然而人顧信之，是亦迷信也。

　　理信則不然，其所見為因果相關者，常積無數之實驗，而歸納以得之，故恆足以破往昔之迷信。例如日食、月食，昔人所謂天之警告也，今則知為月影、地影之偶蔽，而可以預定其再見之時。疫癘，昔人所視為神譴者也，今則知為微生物之傳染，而可以預防。人類之所以首出萬

物者，昔人以為天神創造之時，賦畀獨厚也；今則知人類為生物進化中之一級，以其觀察自然之能力，同類互助之感情，均視他種生物為進步，故程度特高也。是皆理信之證也。

人能袪迷信而持理信，則可以省無謂之營求及希冀，以專力於有益社會之事業，而日有進步矣。

[譯文]

人們的行為，都是遵循一定的標準，才不至於相互發生衝突，前後判若兩人，做到這些依靠的就是信仰。信仰也有區別：一是理智的信仰，一是迷信。行為之初也許差之毫釐，結果卻會造成巨大的差異，所以我們不能不認真注意。

種瓜得瓜，種豆得豆，有什麼樣的原因，就有什麼樣的結果，這是人們普遍相信的道理。糊塗的人，對於較複雜的事理，就不能明察。對於因果相關的事情，把事情的起因妄自歸結為不可知的神，並將一切都依賴於神。遇到自己幸福的事情，就說是神因高興而暗中保佑我；遇到自己不幸的事情，就說是神因發怒而嫁禍於我。於是就千方百計地去做讓神高興而息怒的事情，比如祈禱、祭祀、懺悔、設立種種敬神拜神的儀式等等，但這些與他們所期望的結果毫不相干。然而人們卻仍然相信它，這就是迷信的行為。

房屋地基潮溼，就是天要下雨的徵兆，這是從潮溼的現象中總結出來的規律；地上起霜就要結冰，這是從寒冷的現象中驗證出來的規律；尊敬別人的人，別人也常常尊敬他，愛護別人的人，別人也常常愛護他，這是從人之情理中驗證出來的規律；發現什麼原因，就會由此推斷有什麼結果，這是人人都能相信的。那些糊塗的人，已經把一切原因都

歸結於神，而對神的心情又不能如實預測，於是便產生僥倖心理，想找到一個神與人之間的媒介，以窺探神的心情，這樣便出現了巫婆神漢和打卦算命的人，他們利用人們心存僥倖的心理自欺欺人：假託自己是天神的使者，或者吹噓自己先知先覺，或者用龜甲蓍草來占卜，或者用星象來推算，或者釋夢作為預兆，或者觀察別人的氣色，或者測算別人的生辰八字，或者檢視別人祖墳的風水朝向，所有這些都是為他五花八門的預言做準備，但與人們所尋求結果的真正原因又毫不相干。然而人們仍然相信它，這也是迷信。

理智的信仰卻不是這樣，信仰者們所分析的因果關係，常常是透過累積無數的實踐經驗而歸納出來的，所以能夠破除以往的迷信。例如日食、月食現象，古人說這是上天對人類的警告，其實今天我們知道這是由於月球或地球的影子偶爾遮住太陽而造成的，並且可以預測再次發生日食月食的時間。流行的瘟疫，古人認為是神對人類的懲罰，今天我們知道是由於微生物的傳染造成的，並且可以預防。人類之所以能超出萬物，古人認為是天神在創造萬物的時候，獨獨給予人的很多；今天我們認識到人類是生物進化過程中的一個環節，只不過由於他們觀察自然的能力，同類之間相互幫助的感情，都比其他生物種類進步，所以進化的程度很高。這些都是理智的信仰的有力證明。

人類如果能破除迷信而堅持理智的信仰，那樣就可以省去許多毫無意義的祈求和希望，專心致力於有意義的社會事業，並且天天有所進步。

循理與畏威

　　人生而有愛己愛他之心象，因發為利己利他之行為。行為之己他兩利，或利他而不暇利己者為善。利己之過，而不惜害他人者為惡。此古今中外之所同也。

　　蒙昧之世，人類心象尚隘，見己而不及見他，因而利己害他之行為，所在多有。有知覺較先者，見其事之有害於人群，而思所以防止之，於是有賞罰：善者賞之，惡者罰之，是法律所託始也。是謂酋長之威。酋長之賞罰，不能公平無私也；而其監視之作用，所以為賞罰標準者，又不能周密而無遺。於是隸屬於酋長者，又得趨避之術，而不憚於惡；而酋長之威窮。

　　有濟其窮者曰：「人之行為，監視之者，不獨酋長也，又有神。吾人即獨居一室，而不啻十目所視，十手所指。為善則神賜之福，為惡則神降之罰。神之賞罰，不獨於其生前，而又及其死後：善者登天堂，而惡者入地獄。」或又為之說曰：「神之賞罰，不獨於其身，而又及其子孫：善者子孫多且賢，而惡者子孫不肖，甚者絕其嗣。」或又為之說曰：「神之賞罰，不唯於其今生也，而又及其來世：善者來世為幸福之人，而惡者則轉生為貧苦殘廢之人，甚者為獸畜。」是皆宗教家之所傳說也。是謂神之威。

　　雖然，神之賞罰，其果如斯響應乎？其未來之苦樂，果足以抑現世之刺沖乎？故有所謂神之威，而人之不能免於惡如故。

　　且君主也，官吏也，教主也，輒利用酋長之威，及神之威，以強人去善而為惡。其最著者，政治之戰、宗教之戰是也。於是乎威者不但無

成效,而且有流弊。

　　人智既進,乃有科學。科學者,舍威以求理者也。其理奈何?曰,我之所謂己,人之所謂他也。我之所謂他,人之所謂己也。故觀其通,則無所謂己與他,而同謂之人。人之於人,無所不愛,則無所不利。不得已而不能普利,則犧牲其最少數者,以利其最大多數者,初不必問其所犧牲者之為何人也。如是,則為善最樂,又何苦為惡耶?

　　吾人之所為,既以理為準則,自然無恃乎威;且於流弊滋章之威,務相率而廓清之,以造成自由平等之世界,是則吾人之天責也。

[譯文]

　　人一生下來就有愛己和愛人之心,因而生發出利己和利人的行為。行為對自己和他人都有好處,或者利於他人而顧不上利於自己,這些行為都是善行。然而自己貪利太過,而不惜傷害他人,這些行為就是可惡。這是古今中外都認同的道理。

　　原始社會,人類的心胸還很狹窄,只關心自己而顧不上關心他人,所以多有利己害人的行為。先知先覺的人,看到這種事情對群體有害,就想辦法防止它,於是就有了賞罰:獎勵做好事的人,懲罰做壞事的人,這就是法律的開始,也被稱為酋長的權威。酋長的賞罰行為,不可能完全公平無私;而且作為賞罰的標準,他的監督作用不可能周密而沒有任何疏漏。於是那些隸屬於酋長管制的人,看到有漏洞可鑽便紛紛想出逃避責任的辦法,因而不怵於做壞事;這樣的結果就是酋長的威信急遽下降。

　　那些自稱可以解決酋長威信下降問題的人說:「監督別人行為的人,應該不僅僅是酋長,神也應在此之列。我們即使是一個人住在房子裡,也不只是十隻眼睛看著我們、十個手指著我們。做善事的人,神就會賜

福於他，做壞事的人，神就會懲罰他。神對人的賞罰，不僅是在人生前，也會在人死後：行善的人死後升上天堂，作惡的人就被打下地獄。」又有人這樣說：「神對人的賞罰，不僅是對他一個人，而且會波及他的子孫後代：行善的人子孫又多又賢能，作惡的人子孫品行惡劣，更有甚者斷子絕孫。」又有人說：「神對人的賞罰，不僅是針對他的今生，還會涉及他的來世：行善的人來世會成為幸福的人，作惡的人卻轉世為貧苦殘廢的人，更有甚者會投胎為野獸和牲畜之類。」這些都是宗教家們的傳說和解釋，也就是人們所說的神之權威。

即使這樣，神的獎賞懲罰，當真與人的行為相符合嗎？人的未來的痛苦快樂，當真足以抑制人現在的不善行為嗎？所以說神的權威，並不能有效地阻止人做壞事。

況且那些君王、官吏、教主，動不動就利用酋長和神的權威，強迫人們不行善而作惡。其中最明顯的，就是政治爭鬥和宗教戰爭。這樣一來，權威者不但在抑惡揚善上沒有成效，反而產生了惡劣影響。

隨著人類智力的發展，科學便產生了。科學，就是拋棄權威而追求真理。真理是什麼？人們常說，我所說的自己，別人稱為他人。我所說的他人，別人稱為自己。所以整體而言，沒有所謂的自己與他人，自己與他人通通稱為人。人與人之間，只要互相關愛，就會互利互惠。如果迫不得已不能讓所有人都普遍獲利，那麼就犧牲極少數人的利益，讓大多數人獲利，並且開始就不必計較是誰犧牲了自己的利益。如此看來，行善是件快樂的事，人們又何苦去作惡呢？

我們的所作所為，既然以真理為準則，當然不怕權威；而且對那些傳承和滋生的所謂權威，務必共同清除，以創造自由平等的世界，這是我們的天責。

堅忍與頑固

《漢書‧律歷》云：「凡律度量衡用銅。為物至精，不為燥溼寒暑變其節，不為風雨暴露改其形，介然有常，有似於士君子之行。是以用銅。」《考工記》曰：「金有六齊：六分其金而錫居一，謂之鏈鼎之齊；五分其金而錫居一，謂之斧斤之齊；四分其金而錫居一，謂之戈戟之齊；三分其金而錫居一，謂之大刃之齊；五分其金而錫居二，謂之削殺矢之齊；金錫半，謂之鑑燧之齊。」賈疏曰：「金謂銅也。」然則銅之質，可由兩方面觀察之：一則對於外界儻來之境遇，不為所侵蝕也；二則應用於器物之製造，又能調合他金屬之長，以自成為種種之品格也。所謂有似於士君子之行者，亦當合兩方面而觀之。孔子曰：「匹夫不可奪其志。」孟子曰：「富貴不能淫，貧賤不能移，威武不能屈。」非猶夫銅之不變而有常乎？是謂堅忍。孔子曰：「見賢思齊焉。」又曰：「多聞擇善者而從之。」孟子曰：「樂取於人以為善。」荀子曰：「君子之學如蛻。」非猶夫銅之資錫以為齊乎？是謂不頑固。

堅忍者，有一定之宗旨以標準行為，而不為反對宗旨之外緣所憧擾，故遇有適合宗旨之新知識，必所歡迎。頑固者本無宗旨，徒對於不習慣之革新，而為無意識之反動；苟外力遇其墮性，則一轉而不之返。是故堅忍者必不頑固，而頑固者轉不堅忍也。

不觀乎有清之季世乎？滿洲政府，自慈禧太后以下，因仇視新法之故，而仇視外人，遂有「義和團」之役，可謂頑固矣。然一經庚子聯軍之壓迫，則向之排外者，一轉而反為媚外。凡為外人，不問賢否，悉崇拜之；凡為外俗，不問是非，悉仿效之。其不堅忍為何如耶？革命之士，慨

政俗之不良，欲輸入歐化以救之，可謂不頑固矣。經政府之反對，放逐囚殺，終不能奪其志。其堅忍為何如耶？堅忍與頑固之別，觀夫此而益信。

[譯文]

《漢書·律歷》上說：「所有度量衡器具都是銅製的。銅器精良，不會因為乾燥、潮溼、寒冷、酷熱而改變品質，不會因為經風受雨而改變形狀，品質恆久，像君子的品行，所以度量器具用銅來做。」《考工記》上說：「金屬冶煉有六種配方。在金屬冶煉中錫的成分占六分之一，這是製造鏈鼎類器具所需要的配比。錫的成分占到五分之一，這是製造斧刀類器具所需要的配比；錫的成分占到四分之一，這是製造長矛類器具所需要的配比；錫的成分占到三分之一，這是製造大刀類器具的配比；錫的成分占到五分之二，這是製造削、殺、矢類武器的配比；錫的成分占到一半，這是製造取火用具燧鏡的配比。」賈疏說：「這裡的金屬說的就是銅。」然而銅的品質，可從兩個方面來觀察，一是對於外界的條件變化，銅不會被腐蝕而變質；二是在器具製造方面，它能調和其他金屬的優點，因此具有不同的特性。所以說銅好像君子的品行，也應該從兩個方面來看。孔子說：「大丈夫的志向是不可以強迫他更改的。」孟子說：「高官厚祿收買不了，貧窮困苦折磨不了，強暴武力威脅不了。」這不正像銅不隨環境而改變，並保持自己的特性嗎？這就是堅忍。孔子說：「看到別人賢能，我就想向他學習。」又說：「見多識廣，效仿那些行善者的言行。」孟子說：「要樂於吸取別人的長處，來加強自己的修養。」荀子說：「君子的學習好像蛻變一樣。」這難道不是像銅與錫的配比一樣有用嗎？這就是不頑固。

堅忍，就是按一定的宗旨來規範自己的行為，而不被宗旨之外的其

他因素所影響，所以遇到適合宗旨的新知識，一定會歡迎接受。頑固的人本來就沒有什麼宗旨，只是不習慣變化而下意識地反動；只要外界的因素觸及他的惰性，他就會轉變立場。所以堅忍的人一定不會頑固，而頑固的人反而不會堅忍。

　　我們難道不能從清朝的歷史演變中明白其中的道理嗎？滿洲政府，從慈禧太后以下，因為仇視變法，仇視外國人，所以才有「義和團」的戰爭，滿洲政府可以說是太頑固不化了。然而，經過庚子年八國聯軍的侵略壓迫，那些原來排外的人，馬上轉變立場，變得崇洋媚外了。只要是外國人，不管賢愚，一律崇拜；凡是外國的習俗，不問好壞，全部模仿。他們的不堅忍為什麼能到這種地步？革命志士感慨政壇風氣敗壞，想用歐洲的民主方法來救國改良，這些可以說是不頑固。雖然清政府對變法者採取放逐、囚禁、殺戮等方法加以鎮壓反對，結果卻沒能改變他們的志向。他們的堅忍為什麼能到這種地步？透過上述兩方面的對比，我們對堅忍與頑固的區別就更加確信了。

自由與放縱

　　自由，美德也。若思想，若身體，若言論，若居處，若職業，若集會，無不有一自由之程度。若受外界之壓制，而不及其度，則盡力以爭之，雖流血亦所不顧，所謂「不自由毋寧死」是也。然若過於其度，而有愧於己，有害於人，則不復為自由，而謂之放縱。放縱者，自由之敵也。

　　人之思想不縛於宗教，不牽於俗尚，而一以良心為準。此真自由也。若偶有惡劣之思想，為良心所不許，而我故縱容之，使積漸擴張，而勢力遂駕於良心之上，則放縱之思想而已。

　　飢而食，渴而飲，倦而眠，衛生之自由也。然使飲食不節，興寐無常，養成不良之習慣，則因放縱而轉有害於衛生矣。

　　喜而歌，悲而哭，感情之自由也。然而里有殯，不巷歌，寡婦不夜哭，不敢放縱也。

　　言論可以自由也，而或乃訐發陰私，指揮淫盜；居處可以自由也，而或於其間為危險之製造，作長夜之喧囂；職業可以自由也，而或乃造作偽品，販賣毒物；集會可以自由也，而或以流布迷信，恣行奸邪。諸如此類，皆逞一方面極端之自由，而不以他人之自由為界，皆放縱之咎也。

　　昔法國之大革命，爭自由也，吾人所崇拜也。然其時如羅伯士比及但丁之流，以過度之激烈，恣殺貴族，釀成恐怖時代，則由放縱而流於殘忍矣。近者英國婦女之爭選舉權，亦爭自由也，吾人所不敢菲薄也。然其脅迫政府之策，至於燒毀郵件，破壞美術品，則由放縱而流於粗暴矣。夫以自由之美德，而一涉放縱，則且流於粗暴或殘忍之行為而不覺。可不慎歟？

[譯文]

　　自由，是一種美德。比如我們的思想、身體、言論、居住、職業、集會等等，都有一定的自由權利。如果我們的自由權利受到外界的壓制，而達不到應有的程度，那麼我們就一定會去努力抗爭，即使流血犧牲也不顧惜，這就是人們所說的「不自由，寧可死」。但是如果我們行使自由的權利超過限度，就不僅有愧於自己，也會傷害他人，那樣就不再是自由，而是放縱了。放縱，是自由的敵人。

　　人的思想不應該被宗教教義所束縛，也不應該被風俗時尚所左右，而應該以良心為準繩。這才是真正的自由。如果偶爾萌發惡劣的想法，本來就良心不忍，但是我卻有意縱容它，使它不斷滋長，惡劣的勢力最終凌駕於良心之上，那就是放縱的思想了。

　　餓了就吃飯，渴了就喝水，困了就睡覺，這是身體健康的自由。但是如果飲食沒有節制，工作睡眠沒有規律，養成不好的習慣，這就是放縱自己的身體自由，而有害於自身健康了。

　　高興了就唱歌，悲傷了就哭泣，這是感情的自由。但是遇到鄰居辦喪事，就不在街巷裡唱歌，寡婦不在深夜裡哭泣影響他人，這些都是因為不敢放縱自己。

　　言論是自由的，但有的人揭發別人的隱私，誘導別人去嫖娼盜竊；居住也是自由的，然而有的人在住所裡做出危險舉動，在深夜裡大聲喧譁；職業是自由的，然而有的人製造偽劣產品，販賣毒品；集會是自由的，然而有的人傳播迷信思想，胡作非為。以上這些行為，都是行使個人的極端自由，而不考慮別人的自由，都是放縱的過錯。

　　以前法國大革命爭取自由，是我們所崇拜的。然而那時的人如羅伯斯庇爾、丹東等人，過度激烈地濫殺貴族，造成一個恐怖黑暗的時代，

這是因為放縱而導致手段殘忍。近期的英國婦女爭取選舉權，也是在爭取自由，我們對此不敢輕視。但是她們威脅政府的手段，達到燒毀郵件、破壞藝術品的程度，這是因為放縱而產生粗暴行為。以自由的美德，如果一旦放任自流，尚且會產生粗暴和殘忍的行為而渾然不知，我們難道不應該謹慎對待自由嗎？

鎮定與冷淡

　　世界蕃變,常有一時突起之現象,非意料所及者。普通人當之,恆不免張皇無措。而弘毅之才,獨能不動聲色,應機立斷,有以掃眾人之疑慮,而免其紛亂,是之謂鎮定。

　　昔諸葛亮屯軍於陽平,唯留萬人守城。司馬懿垂至,將士失色,莫之為計。而亮意氣自若,令軍中偃旗息鼓,大開西城門,掃地卻灑。懿疑有伏,引軍趨北山。宋劉幾知保州,方大會賓客;夜分,忽告有卒為亂;幾不問,益令折花勸客。幾已密令人分捕,有頃禽至。幾復極飲達旦。宋李允則嘗宴軍,而甲仗庫火。允則作樂飲酒不輟。少頃,火息,密檄瀛州以茗籠運器甲,不浹旬,軍器完足,人無知者。真宗詰之。曰:「兵機所藏,儆火甚嚴。方宴而焚,必奸人所為。若舍宴救火,事當不測。」是皆不愧為鎮定矣。

　　鎮定者,行所無事,而實大有為者也。若目擊世變之亟,而曾不稍受其刺激,轉以清靜無為之說自遣,則不得謂之鎮定,而謂之冷淡。

　　晉之叔世,五胡雲擾。王衍居宰輔之任,不以經國為念,而雅詠玄虛。後進之士,景慕仿效,矜高浮誕,遂成風俗。洛陽危逼,多欲遷都以避其難;而衍獨賣牛車以安眾心。事若近乎鎮定。然不及為備,俄而舉軍為石勒所破。衍將死,顧而言曰:「嗚呼,吾曹雖不如古人,向若不祖尚浮虛,戮力以匡天下,猶不至今日。」此冷淡之失也。

　　宋富弼致政於家,為長生之術,呂大臨與之書曰:「古者三公無職事,唯有德者居之:內則論道於朝,外則主教於鄉,古之大人,當是任者,必將以斯道覺斯民,成己以成物,豈以位之進退,年歲之盛衰,而

為之變哉?今大道未明,人趨異學,不入於莊,則入於釋,人倫不明,萬物憔悴。此老成大人惻隱存心之時,以道自任,振起壞俗。若夫移精變氣,務求長年,此山谷避世之士,獨善其心者之所好,豈世之所以望於公者。」弼謝之。此極言冷淡之不可也。

觀衍之臨死而悔,弼之得書而謝,知冷淡之弊,不獨政治家,即在野者,亦不可不深以為戒焉。

[譯文]

世界的演變,常常有一時突變的現象,不是人們能預料到的。普通人遇到這種現象,常常免不了驚慌失措。但是堅毅的人遇到了卻能不動聲色,根據情況當機立斷,排除眾人的疑慮,從而避免產生混亂,這就是鎮定。

三國時候的諸葛亮在陽平駐軍,只留下一萬人鎮守城池。魏將司馬懿率大軍突襲這座城池,城內將士大驚失色,想不出什麼辦法來。但這時諸葛亮面不改色心不跳,下令軍隊放倒旗子,停止敲鼓,開啟西城門,讓士兵在城裡掃地灑水。司馬懿懷疑城裡有埋伏,帶領軍隊向北山撤退。宋朝的劉幾在治理保州期間,有一天正在大宴賓客,夜晚時分,忽然手下報告有人作亂。劉幾不問作亂的人是誰,反而下令為客人折花勸酒。其間劉幾祕密派人分頭出去追捕,一會兒就把作亂的人抓到了。劉幾接著喝酒作樂一直到天亮。宋朝李允則有一次在軍中舉行酒宴,席間甲仗庫突然起火。李允卻沒有中止飲酒作樂。沒過多久,庫裡的火被撲滅了。李允則暗地裡派人拿著他的文書到瀛州用茶葉箱子運載武器。不到十天,庫裡因火災而損失的武器又補齊了,而軍隊中誰也不知道這件事。宋真宗責問他。李允則回答說:「兵器庫防火措施十分嚴密。我在

這裡剛剛舉行酒宴，那邊就莫名其妙地起火了，一定是內奸幹的。如果我當時離開宴會而去救火，就中了他的調虎離山之計，恐怕遭遇不測。」以上這幾個都不愧為遇事沉著鎮定的人。

鎮定的人，表面上好像無所事事，實際上大有作為。如果眼看世界在急遽變化，卻對此毫無反應，反而用清靜無為的理論來安慰自己，這樣不能算作鎮定，而應該稱為冷淡。

晉朝末年時，好幾個北方的游牧民族紛紛作亂騷擾。王衍當時任宰相，不把國家大事放在心上，卻整天只知道吟詠詩詞，故弄玄虛。很多年輕人對他無比仰慕並極力效仿，導致自高自大、輕浮放蕩的不良習俗流行一時。當時洛陽被敵兵緊逼，形勢危急，朝廷上很多官員都想勸皇帝把首都遷移至別處，以躲避災難，只有王衍不想走，還賣牛車來安撫民心。他做事好像很鎮定，卻因為來不及防備，不久他率領的軍隊被石勒打敗。王衍臨死時，對旁邊的人說：「唉，我們雖然不如古人，但如果當初不崇尚浮誇虛無，全力以赴來拯救天下，也不至於落到今天的下場。」這是因冷淡而造成的後果。

宋朝的富弼辭官回家，尋求長生不老的法術。呂大臨寫信給他說：「古代三公沒有具體的職務，只有德行好的人才能擔任。他們在宮內討論治國方略，出了朝廷就在民間主持教化。古代的達官貴人勇於擔當責任，一定會用治國的道理來教化人民，這樣既成就自己，也成就萬物。他們怎麼能因為職位的進退、年齡的盛衰而有所變化呢？現在，大道理還沒有明示天下，人們傾向於異端的學說，不是學老莊，就是學佛教，人倫不清，萬物衰敗。這是大人您產生同情心的時候，您一定要扛起大道的責任，努力改變不良的時俗。如果這時您卻改變自己的志向，追求長生不老之術，這是山中隱士和那些獨善其身的人所愛好的，難道是百

姓對您的期望嗎?」富弼向他道歉。這是極力在說冷淡的種種不妥。

看到王衍臨死時的悔悟,富弼收到書信後的道歉,我們知道了冷淡的壞處,不僅是政治家,即使是不當官的人,也不能不以此為戒啊。

熱心與野心

　　孟子有言:「雞鳴而起,孳孳為善者,舜之徒也;雞鳴而起,孳孳為利者,蹠之徒也。」二者,孳孳以為之同,而前者以義務為的,謂之「熱心」;後者以權利為的,謂之「野心」。禹思天下有溺者,猶己溺之;稷思天下有飢者,猶己飢之;此熱心也。故禹平水土,稷教稼穡,有功於民。項羽觀秦始皇帝曰:「彼可取而代也」;劉邦觀秦始皇帝曰:「嗟夫!大丈夫當如是也。」此野心也。故暴秦既滅,劉、項爭為天子,血戰五年。羽嘗曰:「天下洶洶數歲者,徒為吾兩人耳。」野心家之貽害於世,蓋如此。

　　美利堅之獨立也,華盛頓盡瘁軍事,及七年之久。立國以後,革世襲君主之制,而為選舉之總統。其被舉為總統也,綜理政務,至公無私。再任而退職,躬治農圃,不復投入政治之漩渦。及其將死,以家產之一部分,捐助公共教育及其他慈善事業。可謂有熱心而無野心者矣。

　　世固有無野心而並熄其熱心者。如長沮桀溺曰:「滔滔者天下皆是也,而誰與易之?」馬少遊曰:「士生一世,但取衣食裁足,乘下澤車,御款段馬,守墳墓,鄉里稱善人,斯可矣。」是也。凡隱遁之士,多有此失;不知人為社會之一分子,其所以生存者,無一非社會之賜。顧對於社會之所需要,漠然置之,而不一盡其力之所能及乎?范仲淹曰:「士當先天下之憂而憂,後天下之樂而樂。」李燔曰:「凡人不必待仕宦有位為職事方為功業,但隨力到處,有以及物,即功業矣。」諒哉言乎!

　　且熱心者,非必直接於社會之事業也。科學家閉戶自精,若無與世事,而一有發明,則利用厚生之道,輒受其莫大之影響。高上之文學,優越之美術,初若無關於實利,而陶鑄性情之力,莫之與京。故孳孳學

術之士，不失為熱心家。其或恃才傲物，飾智驚愚，則又為學術界之野心，亦不可不戒也。

[譯文]

孟子說：「聽到雞叫就起床，一心想著為別人做好事的，是像舜一類的人；聽到雞叫就起床，一心想著為自己謀取私利的，是像盜跖一類的人。」這兩種人，都是勤勤懇懇的，但是前者是以「義務」為目的，我們稱其為「熱心」；後者以「利益」為目的，我們稱其為「野心」。大禹想到天下人有溺水的，就好像自己溺水；后稷想到天下人有挨餓的，就好像自己挨餓，這是熱心。所以大禹治理水患，后稷教人種植莊稼，他們為天下人立下大功。項羽看到秦始皇時說「我可以取代他」；劉邦見到秦始皇時說：「唉！大丈夫應該這樣啊！」這是野心。所以殘暴的秦朝滅亡後，劉邦、項羽爭著做皇帝，進行了五年的血戰。項羽曾經說：「天下人這幾年來不得安寧，只是因為我們這兩個人罷了。」野心家貽害於天下，大概就是這樣的。

為了美利堅合眾國的獨立，華盛頓盡全力於軍事，戰爭達七年之久。建國之後，他又改革世襲君主制，變為總統選舉制。華盛頓被選舉為總統後，處理政務公正無私。兩任總統後，他就退職離任，親自耕耘於農莊，不再參與任何政務。等到他快死的時候，他把家產的一部分捐助出來，用於公共教育及其他慈善事業。他真稱得上是有熱心而沒有野心了。

世上本來就有那種既沒有野心也沒有熱心的人。如長沮、桀溺說：「天下像洪水泛濫那樣紛亂，有誰去改變它呢？」馬少遊說：「人的一生，只要豐衣足食，能坐下等的車子，駕乘一般的馬，守好祖上的墳墓，獲

得鄉里人的稱讚，這樣就可以了。」其實他們就是這樣的人。那些隱居鄉間、逃避現實的人，認識上大多有這個缺陷；不知道自己是全社會的一分子，他賴以生存的所有東西，沒有哪樣不是社會賜予的。怎麼能冷漠地對待社會的需要，而不盡自己的全力去做力所能及的事呢？范仲淹說：「有抱負的人應當在天下人憂愁之前先憂愁，在天下人都享樂之後才享樂。」李燔說：「人們不必等待做了高官有了職位後才去成就自己的功業，只要對自己力所能及的事情有所盡心，就是自己的功業。」這些話說得很實在啊。

況且熱心的人，並不是必須要直接面對社會事業。科學家們閉門科學研究，精益求精，好像與世隔絕，但是他們一旦有新的科學發明，那麼充分運用發明成果，就一定能對我們的社會生活產生很大的影響。高尚的文學，優美的藝術，開始看起來好像跟實際利益沒有什麼關係，但是文學藝術陶冶性情的功能，是其他學科所不能比擬的。所以勤勤懇懇的學者，也不愧是熱心的人。但他們之中，有的人自認為自己才能出眾，自高自大，目空一切，在智者面前裝腔作勢，在凡人面前故弄玄虛，就變成學術界的野心家了，這也不能不引以為戒。

英銳與浮躁

黃帝曰:「日中必熭,操刀必割。」《呂氏春秋》曰:「力貴突,知貴卒。所為貴驥者,為其一日千里也;旬日取之,與駑駘同。所為貴鏃矢者,為其應聲而至;終日而至,則與無至同。」此言英銳之要也。周人之諺曰:「畏首畏尾,身其餘幾。」諸葛亮之評劉繇、王郎曰:「群疑滿腹,眾難塞胸。」言不英銳之害也。

楚丘先生年七十。孟嘗君曰:「先生老矣。」曰:「使逐獸麋而搏虎豹,吾已老矣;使出正詞而當諸侯,決嫌疑而定猶豫,吾始壯矣。」此老而英銳者也。范滂為清詔使,登車攬轡。慨然有澄清天下之志。此少而英銳者也。

少年英銳之氣,常遠勝於老人。然縱之太過,則流為浮躁。蘇軾論賈誼、晁錯曰:「賈生天下奇才,所言一時之良策。然請為屬國,欲系單于,則是處士之大言,少年之銳氣。兵,凶事也,尚易言之,正如趙括之輕秦,李俱之易楚。若文帝亟用其說,則天下殆將不安矣。使賈生嘗歷艱難,亦必自悔其說,至於晁錯,尤號刻薄,為御史大夫,申屠賢相,發憤而死,更改法令,天下騷然。至於七國發難,而錯之術窮矣。」韓愈論柳宗元曰:「子厚前時少年,勇於為人,不自貴重,顧借謂功業可立就,故坐廢退,材不為世用,道不行於時。使子厚在臺省時,已能自持其身,如司馬刺史時,亦自不斥。」皆惜其英銳之過,涉於浮躁也。夫以賈、晁、柳三氏之才,而一涉浮躁,則一蹶不振,無以伸其志而盡其才。況其才不如三氏者,又安得不兢兢焉以浮躁為戒乎?

[譯文]

　　黃帝說：「太陽到了中午就應該晒東西；手上拿起了刀就應該去切割。」《呂氏春秋》說：「用力貴在突然，聰明貴在快速。好馬之所以好，是因為牠能日行千里；如果過十幾天才到達目的地，那麼牠與平凡的馬就沒什麼不同了。利箭之所以快，是因為它能隨著聲音飛快而至；如果一整天才射到，那麼就跟沒有射箭一樣。」這些話是說英勇果斷的重要。周朝有句諺語說：「縮頭縮尾，那麼剩下來的身子還能有多少？」諸葛亮評價劉繇、王郎說：「他們的肚裡充滿了疑問，胸中塞滿了難題。」這些話是說不英勇果斷的害處。

　　戰國時候的楚丘先生年過七十。孟嘗君對他說：「先生您老了。」楚丘先生回答說：「讓我去追逐野獸麋鹿，搏殺老虎豹子，我確實已經老了；但讓我慷慨陳詞去抵擋諸侯，決斷疑惑和猶豫的事情，我還年輕得很。」這是年紀雖大還英勇果斷的人。東漢的范滂被封為清詔使，登上馬車，拿著轡頭，那副慷慨激昂的樣子，顯示出澄清天下的宏大志向，這是年齡雖小而英勇果斷的人。

　　年輕人英勇果斷的氣質常常遠勝於老年人。但是這種氣質如果過於放縱，就會變成浮躁。蘇軾評論賈誼、晁錯說：「賈誼是天下難得的人才，他所說的都是當時治國良策。但是他讓皇帝封他為屬國（編者注：屬國，漢代官名，主要掌管與邊疆歸降的少數民族往來事務），還要抓獲敵國的單于，這就是讀書人的大話，年輕人的意氣了。軍事，凶多吉少，竟然這麼輕率地對待，就像戰國時的趙括輕視秦國、李俱小看楚國一樣。如果漢文帝直接採用賈誼的方法，那麼天下將會不得安寧。如果賈誼以後經歷艱難困苦，也一定會後悔自己當時所說。至於晁錯，就更加的刻薄，他做御史大夫，當時的賢明丞相申屠嘉，被他活活氣死；他

隨意更改國家的法令，全天下都因此而動盪不安。到『七國之亂』爆發時，晁錯的所有伎倆也用完了。」韓愈評論柳宗元說：「子厚以前年輕時，為人勇敢，不知道自重，常常以為功名可以輕易得到，所以因為參與改革而被貶，他的才能不被君主所看重，思想主張無法得到實踐。如果子厚在朝廷時，能夠控制住自己，像後來擔任司馬或刺史時那樣，也不會遭到貶逐。」這些都是嘆惜英勇果斷一旦過頭，就變成了浮躁。以賈誼、晁錯、柳宗元三人的才華，一旦浮躁，都會一蹶不振，不能伸展自己的抱負，發揮自己的才能。何況那些才能不及他們的人，又怎麼能不兢兢業業，戒除浮躁呢？

果敢與鹵莽

　　人生於世，非僅僅安常而處順也，恆遇有艱難之境。艱難之境，又非可畏懼而卻走也，於是乎尚果敢。雖然，果敢非盲進之謂。盲進者，鹵莽也。果敢者，有計畫，有次第，持定見以進行，而不屈不撓，非貿然從事者也。

　　禹之治水也，當洪水滔天之際，而其父方以無功見殛，其艱難可知矣。禹於時毅然受任而不辭。鑿龍門，闢伊闕，疏九江，決江淮，九年而水土平。彼蓋鑒於其父之恃堤防而逆水性、以致敗也，一以順水性為主義。其疏鑿排導之功，悉循地勢而分別行之，是以奏績。

　　墨翟之救宋也，百舍重繭而至楚，以竊疾說楚王。王既無詞以對矣，乃託詞於公輸般之既為雲梯，非攻宋不可。墨子乃解帶為城，以牒為械，使公輸般攻之。公輸般九設攻城之機變，墨子九距之。公輸般之攻械盡，墨子之守圉有餘。公輸般詘而曰：「吾知所以距子矣，吾不言。」墨子亦曰：「吾知子之所以距我，吾不言。」楚王問其故。墨子曰：「公輸子之意，不過欲殺臣。殺臣，宋莫能守，可攻也。然臣之弟子禽滑釐等三百人，已持臣守圉之器，在城上而待楚寇矣，雖殺臣不能絕也。」楚王曰：「善哉！吾請無攻宋。」夫以五千里之楚，欲攻五百里之宋，而又在攻機新成、躍躍欲試之際，乃欲以一處士之口舌阻之，其果敢為何如？雖然，使墨子無守圉之具，又使有其具而無代為守圉之弟子，則墨子亦徒喪其身，而何救於國哉？

　　藺相如之奉璧於秦也，挾數從者，齎價值十二連城之重寶，而入虎狼不測之秦，自相如以外，無敢往者。相如既至秦，見秦王無意償城，

則嚴詞責之,且以頭璧俱碎之激舉脅之。雖貪橫無信之秦王,亦不能不為之屈也。非洞明敵人之心理,而預定制御之道,烏能從容如此耶?

夫果敢者,求有濟於事,非沾沾然以此自矜也。觀於三子之功,足以知果敢之不同於鹵莽,而且唯不鹵莽者,始得為真果敢矣。

[譯文]

人活在世上,不可能一直安於現狀處於順境,而是常常會遇到艱難的處境。面對艱難的處境,又不能因為畏懼而逃避,因此人們崇尚果斷勇敢。即使這樣,果斷勇敢也並非指盲目冒進。盲目冒進,是魯莽從事;而果斷勇敢,是有計畫、有次序,根據決定的方案去實踐,並且不屈不撓地進行,而不是貿然行事。

大禹治水時,洪水滔天,他的父親因為治水無功而被殺,他面臨的艱難處境可想而知。但他當時毅然接過重任,沒有推辭。從此他率眾開鑿龍門,開闢伊闕,疏通九江之水,挖掘長江淮河,用了九年時間才治理好水患。他大概是借鑑了他父親的經驗教訓:只依靠加固堤防而不順應水的特性,所以導致失敗。大禹把順應水的特性作為自己治水的主要原則。他疏導、排洩、開鑿的功業,都是依據地勢而分別實行不同的方案,所以才能奏效。

當年墨翟拯救宋國,走了很長的路途才趕到楚國,他以「患了偷竊病的人為例」來勸說楚王放棄攻打宋國。楚王無言以對,於是藉口公輸般已經造了雲梯,一定要攻打宋國不可。墨子於是解下衣帶當做城池,用木片作為器械,讓公輸般來進攻。公輸般多次擺設攻城的器械,而墨子多次成功地抵抗了他的進攻。公輸般攻城的器械用完了,而墨子的守禦戰術還有剩餘。公輸般進攻受挫,卻說:「我知道用什麼辦法來對付

你了,但我不說。」墨子也說:「我知道你用什麼辦法對付我了,我也不說。」楚王問原因。墨子回答說:「公輸般的意思,不過是想殺了我。以為殺了我,宋國就沒有人能防守,他就可以順利進攻了。但是,我的弟子禽滑釐等三百人,已經拿著我守城用的器械,在宋國的都城上等著你們呢。即使殺了我,宋國守城的人卻是殺不盡的。」楚王說:「好吧!我不攻打宋國了。」國土面積方圓五千里的楚國,想要攻打方圓五百里的宋國,而且又在強大的楚國攻城器械剛剛造成、軍隊躍躍欲試的時候,想用一個平常書生的口舌來加以勸阻,他的果斷勇敢到了什麼程度?雖然這樣,如果墨子當時沒有守城的器械,又沒讓他的弟子拿著他的器械先去守城,那麼墨子也只會白白犧牲了自己,又怎麼能拯救小小的宋國呢?

　　藺相如帶著和氏璧出使秦國,身邊跟著幾個侍從,帶著價值連城的珍寶,進入吉凶難料的秦國,除了藺相如,沒有其他人敢去。藺相如到秦國之後,感覺秦王沒有用城池來換和氏璧的誠意,便用嚴厲的言辭來譴責他,並且做出抱璧撞柱、頭璧俱碎的激烈行動來威脅秦王。即使是蠻橫而背信的秦王,當時也不得不為他的勇氣所折服。如果藺相如當時不是徹底洞悉了秦王的心理,並且提前做好應對的準備,他怎麼能這樣從容自信呢?

　　那些果斷勇敢的人,希望自己的所作所為能有濟於事,並不是沾沾自喜,以此來炫耀自己的功勞。上面列舉的三個人,足以讓我們明銀杏斷勇敢不同於魯莽,而且只有不魯莽,才有可能做到真正意義上的果斷勇敢。

精細與多疑

《呂氏春秋》曰：「物多類，然而不然。」孔子曰：「惡似而非者：惡莠，恐其亂苗也，惡紫，恐其亂朱也，惡鄭聲，恐其亂雅樂也，惡佞，恐其亂義也，惡利口，恐其亂信也，惡鄉愿，恐其亂德也。」《淮南子》曰：「嫌疑肖像者，眾人之所炫耀：故狠者，類知而非知；愚者，類仁而非仁；戇者，類勇而非勇。」夫物之類似者，大都如此，故人不可以不精細。

孔子曰：「眾好之，必察焉；眾惡之，必察焉。」又曰：「視其所以，觀其所由，察其所安，人焉廋哉？」莊子曰：「人者厚貌深情，故君子遠使之而觀其敬，煩使之而觀其能，卒然問之而觀其知，急與之期而觀其信，委之以財而觀其仁，告之以危而觀其節。」皆觀人之精細者也。不唯觀人而已，律己亦然。曾子曰：「吾日三省吾身：為人謀而不忠乎？與朋友交而不信乎？傳不習乎？」孟子曰：「有人於此，其待我以橫逆，則君子必自反：我必不仁也，必無禮也，此物奚宜至哉？其自反而仁矣，自反而有禮矣，其橫逆由是也，君子必自反也：我必不忠。自反而忠矣，其橫逆由是也，君子曰，此亦妄人也已矣。」蓋君子之律己，其精細亦如是。

精細非他，視心力所能及而省察之云爾。若不事省察，而妄用顧慮，則謂之多疑。列子曰：「人有亡鈇者，意其鄰之子；視其行步，竊也；顏色，竊也；動作態度，無為而不竊也。俄而揚其谷，而得其鈇。」荀子曰：「夏首之南有人焉，曰涓蜀梁。其為人也，愚而善畏，明月而宵行，俯視其影，以為伏鬼也，仰視其髮，以為立魅也，背而走，比至其家，失氣而死。」皆言多疑之弊也。

其他若韓昭侯恐洩夢言於妻子而獨臥；五代張允，家資萬計，日攜眾鑰於衣下。多疑如此，皆所謂「天下本無事，庸人自擾之」者也。其與精細，豈可同日語哉？

[譯文]

《呂氏春秋》說：「事物有很多種類，有相同的地方，也有不同的地方。」孔子說：「我討厭那些似是而非的東西：討厭雜草，是怕它讓人混淆了禾苗；討厭紫色，是怕它使人混淆了紅色；討厭鄭地的音樂，是怕它擾亂了雅樂；討厭奸人，是怕他們玷汙了道義；討厭傳播流言的人，是怕他們破壞了誠信；討厭偽君子，是怕他們敗壞了道德。」《淮南子》說：「外表形象的似是而非，往往是眾人值得炫耀的資本：所以凶狠的人，好像很聰明而實際上並不聰明；愚蠢的人，好像很仁慈而實際上並不仁慈；魯莽的人，好像很勇敢而實際上並不勇敢。」那些表面上類似的東西，大體上就是這樣，所以人們對此必須仔細觀察。

孔子說：「眾人都喜歡的事物，一定要認真考察；眾人都討厭的事物，也一定要認真考察。」又說：「觀察他為什麼去做事，再觀察他如何去做事，接著再觀察他做事是否安心。如此觀察，這個人的真實品性怎麼能掩藏得住呢？」莊子說：「人的品貌與性情都含而不露，所以君子會讓人到遠處，來觀察他的禮貌；不斷地安排他做事，來觀察他的能力；突然問他事情，來觀察他的機智；著急地與他約定事情，來觀察他的誠信；把錢財交給他，來觀察他的廉潔；告訴他形勢危險，來觀察他的氣節。」這些都是有效觀察一個人品性的詳細方法。不只是觀察別人應該這麼做，約束自己也是一樣。曾子說：「我天天用三個問題來反省自己：為別人謀劃是不是不忠誠？與朋友交往是不是不講信用？老師傳授的知

識是不是沒有溫習？」孟子說：「如果有人對我蠻橫無理，那麼作為正人君子，我一定會自我反省：我一定不仁慈，一定沒有禮貌，不然他怎麼對我這樣呢？透過自己反省而變得仁慈、禮貌之後，如果那個人還是那樣對我蠻橫無理，那麼君子一定會接著自我反省：我一定不忠誠。自我反省而變得忠誠之後，如果那個人還是蠻橫無理，那麼君子才可以說：這是個無知狂妄的人啊。」君子對自己行為的約束，就是這樣細心謹慎。

細心不是別的，而是透過認真的觀察，權衡自己心力所能達到的程度。如果不透過觀察反省，只是妄自憂慮，那麼就是多疑了。列子說：「一個人丟失了一把斧頭，懷疑是鄰居的兒子偷的。他看鄰居的兒子走路好像是小偷走路的樣子，看他的表情也是小偷的神情，總之鄰居兒子的動作和神態，沒有一點不像小偷。過了一段時間，他翻動自家的穀子，卻發現了自己的斧頭。」荀子說：「在夏首的南部，有一個名叫涓蜀梁的人。他為人愚蠢而膽小，在皓月當空的晚上，他一個人夜行，低頭看到自己的影子，以為是地下的鬼，抬頭看見這影子有變化，以為是站著的鬼，於是他轉身驚慌地逃走，等到跑回家，他已經上氣不接下氣地嚇死過去。」這都是多疑帶來的壞處。

其他多疑的事例還有：韓昭侯怕自己說的夢話讓妻子聽到，便一個人獨自睡覺；五代時的張允，擁有萬貫家財，為防備盜竊他天天隨身攜帶許多把鑰匙，別在自己的衣服底下。如此的多疑，其實就是「天下本來沒有那些事情，是庸俗的人自己給自己添亂」。多疑和精細相比，怎麼能同日而語呢？

尚潔與太潔

　　華人素以不潔聞於世界：體不常浴，衣不時浣，咯痰於地，拭涕於袖，道路不加灑掃，廁所任其燻蒸，飲用之水，不加滲漉，傳染之病，不知隔離。小之損一身之康強，大之釀一方之疫癘。此吾儕所痛心疾首，而願以尚潔互相勸勉者也。

　　雖然，尚潔亦有分際。沐浴灑掃，一人所能自盡也；公共之清潔，可互約而行之者也。若乃不循常軌，矯枉而過於正，則其弊亦多。

　　南宋何佟之，一日洗濯十餘遍，猶恨不足；元倪瓚盥頮頻易水，冠服拂拭，日以數十計，齋居前後樹石頻洗拭；清洪景融每面，輒自旦達午不休。此太潔而廢時者也。

　　南齊王思遠，諸客有詣己者，覘知衣服垢穢，方便不前，形儀新楚，乃與促膝，及去之後，猶令二人交拂其坐處。庾炳之，士大夫未出戶，輒令人拭席洗床；宋米芾不與人共巾器。此太潔而妨人者也。

　　若乃採訪風土，化導夷蠻，挽救孤貧，療護疾病，勢不得不入不潔之地，而接不潔之人。使皆以好潔之故，而裹足不前，則文明無自流布，而人道亦將歇絕矣。漢蘇武之在匈奴也，居窟室中，嚙雪與氈而吞之。宋洪皓之在金也，以馬糞燃火，烘麵而食之。宋趙善應，道見病者，必收恤之，躬為煮藥。瑞士沛斯泰洛齊集五十餘乞兒於一室而教育之。此其人視王思遠、庾炳之輩為何如耶？

　　且尚潔之道，亦必推己而及人。秦苻朗與朝士宴會，使小兒跪而開口，唾而含出，謂之肉唾壺。此其昧良，不待言矣。南宋謝景仁居室極淨麗，每唾，輒唾左右之衣。事畢，聽一日浣濯。雖不似苻朗之忍，然

亦縱己而蔑人者也。漢郭泰，每行宿逆旅，輒躬灑掃；及明去後，人至見之曰：「此必郭有道昨宿處也。」斯則可以為法者矣。

[譯文]

中國人一向以不乾淨而聞名於世：不經常洗澡，不經常換洗衣服，隨地吐痰，用袖口擦鼻涕，不灑掃道路，聽任廁所散發惡臭的氣味，飲用水不加以過濾澄清，有了傳染病人，也不知道去隔離。上述情形，從小的方面來說是損害了一個人的身體健康，從大的方面來看會造成一個地方瘟疫流行。這是我們痛心疾首的事情，希望大家都以崇尚整潔來互相鼓勵。

不過，崇尚整潔也有一個分別。洗澡、灑掃，是一個人可以盡力而為的事情；公共環境的清潔，卻是眾人相互約定而加以實行的。如果不把握一個正常的尺度，矯枉而過正，那麼它所帶來的弊端也會很多。

南宋的何佟之，一天洗澡十幾遍，還嫌不夠多；元代倪瓚的痰盂，頻繁地換水，衣服帽子經常擦拭，每天數十次，連他住房前後的樹木和石頭也要經常擦洗；清代的洪景融每天洗臉從早晨洗到中午還沒洗完。這些都是因為太愛乾淨而浪費時間。

南齊的王思遠，對那些登門拜訪自己的客人，發現有人衣服不整潔，他就不靠近。如果來客形態莊重、衣冠整潔，他才與之促膝交談，等到這人走了之後，他還叫來兩個人輪流擦拭來客坐過的地方。南朝宋的庾炳之，來訪的士大夫還沒有走出門，他就讓僕人擦拭客人坐過的位子；宋朝的米芾不和別人共用手巾和器具。這些都是因為太愛清潔而妨礙了別人。

如果去採訪各地的風土人情，教化野蠻落後的民族，挽救孤兒窮

人，治療護理患病的人，這種情況下，很可能不得不進入不乾淨的地方，接觸到不整潔的人。如果因為愛好整潔，就停止不前，那麼文明就不能傳播，人道主義也將會滅絕。漢朝的蘇武被扣留在匈奴，住在洞穴中，把雪塊和獸毛裹起來直接吞下去。宋朝的洪皓被扣留在金國，用馬糞生火，烘熟麵粉來吃。宋朝的趙善應，在路上遇見病人，就一定收養撫卹，親自為他們煮藥。瑞士的裴斯泰洛齊收留了五十多個流浪兒和孤兒，讓他們同處一室進行教育。這些人與王思遠、庾炳之那些人相比，怎麼樣呢？

況且崇尚整潔的道理，也應該從自己做起並推及別人。秦朝的苻朗與朝廷官員舉行宴會，讓小孩子跪著張開嘴，等賓客把痰吐到他們的嘴裡，然後再出去，並稱之為「肉痰盂」。不用多說，這種做法真是昧良心。南宋謝景仁居住的地方非常乾淨漂亮，他每次吐口痰時，就吐到左右僕人的衣服上。等每天的事情辦完了，他才讓僕人去洗淨衣服。謝景仁的做法雖然不像苻朗那樣殘忍，但他仍然是放縱自己、輕視別人。漢朝的郭泰，每次住宿旅館，都親自灑水掃地；第二天等他離去後，新入住的客人看到這個地方，都會說：「這一定是郭泰昨晚住過的地方。」這真是值得別人效仿的啊。

互助與依賴

西人之寓言曰：「有至不幸之甲、乙二人。甲生而瞽，乙有殘疾不能行。二人相依為命：甲負乙而行，而乙則指示其方向，遂得互減其苦狀。」甲不能視而乙助之，乙不能行而甲助之，互助之義也。

互助之義如此。甲之義務，即乙之權利，而同時乙之義務，亦即甲之權利：互相消，即互相益也。推之而分工之制，一人之所需，恆出於多數人之所為，而此一人之所為，亦還以供多數人之所需。是亦一種複雜之互助云爾。

若乃不盡義務，而唯攫他人義務之產業為己權利，是謂依賴。

中國舊社會依賴之風最盛。如乞丐，固人人所賤視矣。然而紈褲子弟也，官親也，幫閒之清客也，各官署之冗員也，凡無所事事而倚人以生活者，何一非乞丐之流亞乎？

《禮·王制》記曰：「瘖聾、跛躃、斷者、侏儒，各以其器食之。」晉胥臣曰：「戚施直鎛，蘧篨蒙璆，侏儒扶盧，矇瞍修聲，聾聵司火。」廢疾之人，且以一藝自贍如此，顧康強無恙，而不以倚賴為恥乎？

往昔慈善家，好賑施貧人。其意甚美，而其事則足以助長依賴之心。今則出資設貧民工藝廠以代之。饑饉之年，以工代賑。監禁之犯，課以工藝，而代蓄營利，以為出獄後營生之資本。皆所以絕依賴之弊也。

幼稚之年，不能不倚人以生，然苟能勤於學業，則壯歲之所致力，足償宿負而有餘。平日勤工節用，蓄其所餘，以備不時之需，則雖衰老疾病之時，其力尚足自給，而不至累人，此又自助之義，不背於互助者也。

[譯文]

西方有寓言說:「有非常不幸的甲、乙兩人。甲天生眼瞎,乙有殘疾不能行走。兩人相依為命:甲背著乙走路,乙就給甲指示方向,這樣配合兩人便各自減少了痛苦。」甲看不到東西而乙幫助他,乙不能行走而甲幫助他,這就是互助的意思。

互助的意思就是這樣。甲的義務,就是乙的權利,而同時乙的義務,也是甲的權利:互相付出,即互相獲益。由此推論出分工制度的原理:一個人的需要,往往是由很多人的勞動來滿足的;而這個人的勞動,也能滿足很多人的需要。這也是一種複雜的互助。

如果不盡義務,而只是以攫取他人的勞動成果為自己的權利,這就是依賴。

中國舊社會依賴之風非常盛行。如乞丐,當然是人人所鄙視的。然而,那些紈褲子弟、官僚親友、幫閒清客、官署冗員等等,所有無所事事依賴別人而生活的人,哪一個又比乞丐強呢?

《禮·王制》記載道:「聾子、啞子、瘸子、殘疾、侏儒,各自靠自己的能力吃飯。」晉國的胥臣說:「駝背的,讓他弓身敲鐘;身有殘疾不能俯視的,讓他拿玉磬;身材矮小的,讓他表演雜技;眼睛瞎了的,讓他演奏音樂;耳聾聽不見的,讓他掌管燒火。」殘疾的人,尚且以自己的一技之長來養活自己,看看那些健康強壯沒有疾病的正常人,難道不以依賴別人為生而感到恥辱嗎?

過去的慈善家,喜歡向窮人施捨。他們的本意是很好的,但他們的行為卻足以助長對方產生依賴的心理。現在的辦法是,以出資興建貧民工廠來代替施捨。饑荒之年,以工代賑。被監禁的犯人,讓他們做工藝活,替他們把賺來的錢儲存起來,作為出獄後謀生的資本。這些都是杜

絕依賴弊端的好舉措。

　　年幼的人，不得不依靠別人而生活，但是如果他能夠勤奮學習，成年後努力工作，那麼他完全能償還以前所欠下的撫養資金並能有所剩餘。平常他勤奮工作，節約開支，把多餘的錢儲蓄起來，以備日後需要，這樣即便是在他衰老生病的時候，還能依靠自己的儲蓄自給自足，而不至於拖累別人，這又是自助的意思，與互助並不矛盾。

愛情與淫慾

盡世界人類而愛之，此普通之愛，純然倫理學性質者也。而又有特別之愛，專行於男女之間者，謂之愛情，則以倫理之愛，而兼生理之愛者也。生理之愛，常因人而有專泛久暫之殊，自有夫婦之制，而愛情乃貞固。此以倫理之愛，範圍生理之愛，而始有純潔之愛情也。

純潔之愛，何必限於夫婦？曰既有所愛，則必為所愛者保其康健，寧其心情，完其品格，芳其聞譽，而準備其未來之幸福。凡此諸端，準今日社會之制度，唯夫婦足以當之。若於夫婦關係以外，縱生理之愛，而於所愛者之運命，恝然不顧，是不得謂之愛情，而謂之淫慾。其例如下：

一曰納妾。妾者，多由貧人之女賣身為之。均是人也，而儕諸商品，於心安乎？均是人也，使不得與見愛者敵體，而視為奴隸，於心安乎？一納妾而夫婦之間，猜嫌迭起，家庭之平和為之破壞；或縱妻以虐妾，或寵妾而疏妻，種種罪惡，相緣以起。稍有人心，何忍出此？

二曰狎妓。妓者，大抵青年貧女，受人誘惑，被人壓制，皆不得已而業此。社會上均以無人格視之？吾人方哀矜之不暇，而何忍褻視之。其有為妓脫籍者，固亦救拔之一法；然使不為之慎擇佳偶，而占以為妾，則為德不卒，而重自陷於罪惡矣。

三曰姦通。凡曾犯姦通之罪者，無論男女，恆為普通社會所鄙視，而在女子為尤甚，往往以是而摧滅其終身之幸福；甚者自殺，又甚者被殺。吾人興念及此，有不為之慄慄危懼，而懸為厲禁者乎？

其他不純潔之愛情，其不可犯之理，大率類是，可推而得之。

[譯文]

　　關愛全世界的人，這是普遍意義上的愛，純粹是倫理學的性質。還有特別的愛，專門發生在男女之間，叫做愛情，這種愛既有倫理之愛，也有生理之愛的成分。生理之愛，常常因人不同而有專一與分散、長久與短暫的不同。自從有了夫妻制度，愛情才變得忠貞牢固。這是以倫理之愛，包含了生理之愛，而開始有了純潔的愛情。

　　純潔的愛情，為什麼一定要限於夫婦之間呢？我們說既然愛對方，那麼就一定要保護所愛的人身體健康，讓對方產生安全感，完善對方的品格，美化對方的聲譽，並為對方未來的幸福做好準備。凡此種種，以今天的社會制度來衡量，只有夫妻雙方足以擔當。如果在夫妻關係之外，放縱生理上的慾望，而對於所愛之人的命運漠不關心，這是不能稱為愛情的，而是淫慾。舉例如下：

　　一是納妾。小妾，大多是窮苦人家的女子賣身而為。同樣是人，她們卻變成了商品，我們內心能安寧嗎？同樣是人，卻不能使她們與被愛的人平等，而被看做奴隸，我們內心能安寧嗎？一旦納妾，那麼夫妻之間就會猜疑叢生，家庭的平和氛圍被打破。納妾者或者是放縱妻子虐待小妾，或者是寵愛小妾而疏遠妻子，種種罪惡的行為由此而產生。稍微有點良心的話，我們會做這樣的事情嗎？

　　二是嫖妓。妓女，大多是窮苦的青年女子，受人誘惑，被人壓迫，都是迫不得已而以此為業。社會上的人難道都不把她們當人看嗎？我們同情可憐她們還來不及，哪裡忍心對她們動邪念呢！有的人用錢把妓女贖出來，固然是救助她們的一種方法；但是贖身後如果不慎重地為她們選擇配偶，而是霸占她們作為自己的小妾，那就是善事沒有做完，而又讓自己重新陷入了罪惡。

三是通姦。凡是犯有通姦罪的人，不論男女，都為全社會所鄙視，對於女性尤其如此，往往因此而毀掉她終身的幸福，嚴重的選擇自殺，更嚴重的甚至被殺。想到這些，我們能不害怕得發抖，並以此為戒、嚴禁通姦嗎？

　　其他不純潔的愛情，不應當發生的道理，大體上和上面類似，可以透過推論而得到。

方正與拘泥

　　孟子曰：「人有不為也，而後可以有為。」蓋人苟無所不為，則是無主宰，無標準，而一隨外界之誘導或壓制以行動，是烏足以立身而任事哉，故孟子曰：「仰不愧於天，俯不怍於人。」又曰：「富貴不能淫，貧賤不能移，威武不能屈。」言無論外境如何，而絕不為違反良心之事也。孔子曰：「非禮勿視，非禮勿聽，非禮勿言，非禮勿動。」謂視聽言動，無不循乎規則也。是皆方正之義也。

　　昔梁明山賓家中嘗乏困，貨所乘牛。既售，受錢，乃謂買主曰：「此牛經患漏蹄，療差已久，恐後脫發，無容不相語。」買主遽取還錢。唐吳兢與劉子玄，撰定武后實錄，敘張昌宗誘張說誣證魏元忠事。後說為相，讀之，心不善，知兢所為，即從容謬謂曰：「劉生書魏齊公事，不少假借奈何？」兢曰：「子玄已亡，不可受誣地下。兢實書之，其草故在。」說屢以情蘄改。辭曰：「徇公之請，何名實錄？」卒不改。一則寧失利而不肯欺人，一則既不誣友，又不畏勢。皆方正之例也。

　　然亦有方正之故，而涉於拘泥者。梁劉進，兄獻每隔壁呼進。進束帶而後語。吳顧愷疾篤，妻出省之，愷命左右扶起，冠幘加襲，趣令妻還。雖皆出於敬禮之意，然以兄弟夫婦之親，而尚此煩文，亦太過矣。子從父令，正也。然而《孝經》曰：「父有爭子，則身不陷於不義。」孔子曰：「小杖則受，大杖則走，不陷父於不義。」然則從令之說，未可拘泥也。官吏當守法令，正也。然漢汲黯過河南，貧民傷水旱萬餘家，遂以便宜持節發倉粟以賑貧民，請伏矯制之罪。武帝賢而釋之。宋程師孟，提點夔部，無常平粟，建請置倉；遘凶歲，賑民，不足，即矯發他儲，

不俟報。吏懼,白不可。師孟曰:「必俟報,飢者盡死矣。」竟發之。此可為不拘泥者矣。

[譯文]

孟子說:「一個人首先要有不能做的事,然後才有應該做的事。」大概我們如果什麼都去做,那就是沒有主張,沒有標準,而完全受外界的誘導或逼迫來行動,這樣是不能夠站穩腳跟、擔當大任的。所以孟子說:「上不愧對於天,下不愧對於人。」他又說:「高官厚祿收買不了,貧窮困苦折磨不了,強暴武力威脅不了。」這句話的意思是說無論外部環境如何,絕不做違背良心的事。孔子說:「不合乎禮的東西不看,不合乎禮的傳聞不聽,不合於禮的話不說,不合於禮的事不做。」這句話是說我們看、聽、說、做等一切行為,都要合乎道德規範。這都是做人要正直的道理。

南朝梁人明山賓,家中曾經非常貧窮,為了生計他把自己所騎的牛賣了。賣完拿了錢,他對買主說:「這頭牛曾經患過漏蹄病,治好很久了,我怕牠以後舊病復發,不能不告訴你。」買主聽後急忙退了牛,把錢拿回去了。唐朝的史官吳兢與劉子玄,寫好了武則天實錄,其中敘述了張昌宗引誘張說誣陷魏元忠的事。後來張說做了宰相,讀到這段故事,心裡不痛快,知道是吳兢寫的,就裝作很自然地對吳兢說:「劉子玄寫魏元忠的事,有不少是虛假的,怎麼辦?」吳兢說:「劉子玄已經死了,不能在地下還受到誣陷。那段事是我寫的,草稿還在我手裡。」張說多次以私情求吳兢改寫這段故事。吳兢拒絕說:「如果我遵照了您的請求去作修改,那還叫什麼實錄?」最終沒作改動。一個是寧可失去利益也不肯欺騙別人,一個是既不誣陷朋友又不畏懼權勢。這都是剛正不阿的例子。

然而，也有因為過於方正，而顯得死板教條的。南朝梁代的劉進，他哥哥劉獻常常隔著牆壁呼喚劉進，劉進每次都要繫好衣帶端正禮儀後才跟他說話。三國時吳國的顧愷有一次病得很厲害，他的妻子出來看他，顧愷讓旁邊的人把他扶起床，戴好帽子穿好衣服，然後催促妻子趕緊回去。雖然這些行為都是出於尊敬和禮貌，但以兄弟夫妻這樣親密的關係，都這樣拘泥於煩瑣的禮節，也太過分了。兒子聽父親的話，這是正確的。然而《孝經》說：「父親有勇於提意見的兒子，就不會做出錯誤的事情。」孔子說：「小的懲罰就接受，大的懲罰就逃走，這是為了不讓父親因過度懲罰自己而犯錯。」既然這樣，那麼服從命令一說，就不能死板教條。官吏應當遵守法令，這是正確的。然而西漢的汲黯路過河南，看到有一萬多戶貧民遭受旱澇災害，於是就根據具體情況，手持符節開倉放糧以救濟受災貧民，然後請皇帝治自己假稱皇帝聖旨的罪。漢武帝認為他賢良就赦免了他。宋朝的程師孟，做掌管夔路法律實施的長官。夔路當時沒有救荒糧，程師孟建議設定糧倉儲備糧食。遇到災荒之年，開倉救濟貧民，糧食不夠，於是就假稱皇帝的聖旨，不等皇帝的旨意到達，就開放其他地方的糧倉。辦事的官員感到害怕，說這樣做不行。程師孟說：「如果一定要等皇帝的聖旨到達，那些飢餓的人就會全部死了。」於是他命令眾官員開啟糧倉賑民。這可算是不死板教條的了。

謹慎與畏葸

　　果敢之反對為畏葸；而鹵莽之反對為謹慎。知果敢之不同於魯莽，則謹慎之不同於畏葸，蓋可知矣。今再以事實證明之。

　　孔子，吾國至謹慎之人也，嘗曰：「謹而信。」又曰：「多聞闕疑，慎言其餘，多見闕殆，慎行其餘。」然而孔子欲行其道，歷聘諸侯。其至匡也，匡人誤以為陽虎，帶甲圍之數匝，而孔子弦歌不輟。既去匡，又適衛，適曹，適宋，與弟子習禮大樹下。宋司馬桓魋，欲殺孔子，拔其樹。孔子去，適鄭、陳諸國而適蔡。陳、蔡大夫，相與發徒役，圍孔子於野，絕糧，七日不火食。孔子講誦弦歌不衰。圍既解，乃適楚，適衛，應魯哀公之聘而始返魯。初不以匡、宋、陳、蔡之厄而輟其行也。其作《春秋》也，以傳指口授弟子，為有所刺、譏、褒、諱、挹、損之文辭，不可以書見也。是其謹慎也。然而筆則筆，削則削。吳楚之君自稱王，而《春秋》貶之曰子。踐土之會，晉侯實召周天子，而《春秋》諱之曰：天王狩於河陽。初無所畏也。故曰：「慎而無禮則葸。」言謹慎與畏葸之別也。人有恆言曰：「諸葛一生唯謹慎。」蓋諸葛亮亦吾國至謹慎之人也。其〈出師表〉有曰：「先帝知臣謹慎，故臨崩寄臣以大事也。」然而亮南征諸郡，五月渡瀘，深入不毛；其伐魏也，六出祁山，患糧不繼，則分兵屯田以濟之。初不因謹慎而怯戰。唯敵軍之司馬懿，一則於上邦之東，斂兵依險，軍不得交，再則於鹵城之前，又登山掘營不肯戰，斯賈詡、魏平所謂畏蜀如虎者耳。

　　且危險之機，何地蔑有。試驗化電，有爆烈之虞，運動機械，有軋轢之慮，車行或遇傾覆；舟行或值風濤；救火則涉於焦爛，侍疫則防其

傳染。若一切畏葸而不前,不將與木偶等乎?要在諝其理性,預為防範。孟子曰:「知命者,不立乎巖牆之下。」漢諺曰:「前車覆,後車戒。」斯為謹慎之道,而初非畏葸者之所得而託也。

[譯文]

果敢的反義詞是畏葸;魯莽的反義詞是謹慎。理解了果敢與魯莽的不同,那麼謹慎與畏葸的不同也就可以理解了。現在再用事實證明這一點。

孔子,是中國歷史上非常謹慎的人,他曾經說:「謹慎而講信用。」又說:「多聽,有懷疑的部分加以保留,其餘知道的部分謹慎地說出;多看,有懷疑的部分加以保留,其餘了解的部分謹慎去做。」但是孔子想要實行自己的主張,遊歷各個諸侯國。他到了匡地,匡人誤把他認作陽虎,派衛兵把他圍了好幾層,然而孔子卻在那兒不停地彈琴歌唱。離開匡地以後,他又先後到衛國、曹國、宋國,和弟子們在大樹下練習禮儀。宋國的司馬桓魋想殺孔子,便砍倒了這棵大樹。孔子只得離去,到了鄭國、陳國等國後,又來到蔡國。陳國和蔡國的大夫相約派士兵把孔子圍在野外,斷絕了糧食,讓孔子七天不能生火做飯。孔子照樣講課唱歌。解了陳、蔡的圍困之後,他便來到楚國、衛國,最後應魯哀公的邀請回到了魯國。孔子不因為在匡、宋、陳、蔡等地遭受的厄運而停止自己的行動。他寫《春秋》一書,把他要表達的意思口授給弟子們,認為攻擊、嘲笑、表揚、忌諱、抒情、貶損等表達情緒的文字,不應該出現在書中。這展現了孔子謹慎的態度。然而,該寫的還是要寫,該貶的還是要貶。吳國楚國的君主自稱為王,而《春秋》卻貶稱他們為子。踐土的盟會,實際上是晉國國君召來了周天子,而《春秋》卻避諱說:天王打獵於

河陽。一點也不畏懼。所以說:「謹慎而不遵循禮制,就是畏懼。」這是說謹慎與畏葸的區別。人們常說:「諸葛亮一生非常謹慎。」諸葛亮也是中國歷史上非常謹慎的人。他在〈出師表〉中說:「先帝知道我非常謹慎,所以臨去世時把大事託付給我。」然而諸葛亮向南征伐各地,五月渡過瀘河,深入到荒無人煙的地方;他率軍討伐魏國,六次出兵祁山,由於擔心糧草供給中斷,就分兵開墾田地來救濟軍用。諸葛亮當時並不是因為謹慎而害怕征戰。只是魏將司馬懿,一方面在蜀國東部依據險要地勢屯兵固守,軍隊得不到交戰的機會;另一方面又在鹵城前面登山紮營不肯交戰。這就是賈詡、魏平所說的,害怕蜀國軍隊就像怕虎一樣。

況且險情哪裡都有。進行電學方面的試驗,有爆炸的危險;操作機械,有被軋傷的顧慮。坐車有時候會遇到翻車;坐船有時候會遇到風浪;救火則有可能被燒傷,伺候傳染病人則要防備被傳染。如果對任何事情都畏縮不前,那不是形同木偶嗎?重要的是認識其中的規律,提前做好防範。孟子說:「懂得天理的人,不會站在石牆之下。」漢代諺語說:「前面的車翻了,後面的車就要引以為戒。」這是謹慎的道理,而不是畏懼的人將其作為藉口的。

有恆與保守

有人於此，初習法語，未幾而改習英語，又未幾而改習俄語，如是者可以通一國之言語乎？不能也。有人於此，初習木工，未幾而改習金工，又未幾而改習製革之工，如是而可以成良工乎？不能也。事無大小，器無精粗，欲其得手而應心，必經若干次之練習。苟旋作旋輟，則所習者，旋去而無遺。例如吾人幼稚之時，手口無多能力，積二三年之練習，而後能言語，能把握。況其他學術之較為複雜者乎？故人不可以不有恆。

昔巴律西之製造瓷器也，積十八年之試驗而後成。蒲豐之著自然史也，歷五十年而後成。布申之習圖畫也，自十餘歲以至於老死。使三子者，不久而遷其業，亦烏足以成名哉。

雖然，三子之不遷其業，非保守而不求進步之謂也。巴氏取土器數百，屢改新窯，屢傳新藥，以試驗之。三試而栗色之土器皆白，宜以自為告成矣；又複試驗八年，而始成佳品。又精繪花卉蟲鳥之形於其上，而後見重於時。蒲氏所著，十一易其稿，而後公諸世？布氏初學於其鄉之匠工，盡其技，師無以為教；猶不自足，乃赴巴黎，得縱目於美術界之大觀；猶不自足，立志赴羅馬，以貧故，初至佛稜斯而返，繼止於里昂，及第三次之行，始達羅馬，得縱觀古人名作，習解剖學，以古造像為模範而繪之，假繪術書於朋友而讀之，技乃大進。晚年法王召之，供奉於巴黎之畫院；末二年，即辭職，復赴羅馬；及其老而病也，曰：「吾年雖老，吾精進之志乃益奮，吾必使吾技達於最高之一境。」向使巴氏以三試之成績自畫，蒲氏以初稿自畫，布氏以鄉師之所授、巴黎之所得自

畫，則其著作之價值，又烏能煊赫如是；是則有恆而又不涉於保守之前例也；無恆者，東馳西騖，而無一定之軌道也。保守者，躑躅於容足之地，而常循其故步者也。有恆者，向一定之鵠的，而又無時不進行者也；此三者之別也。

[譯文]

有一個人，剛開始學習法語，沒過多久改學英語，又沒過多久改學俄語，像這樣學習能夠精通一個國家的語言嗎？不能。有一個人，剛開始學習木工，沒過多久改學金工，又沒過多久改學製革，像這樣能成為一個好的工匠嗎？不能。事情不論大小，器具不論精細、粗糙，想要做到得心應手，必須要經過多次反覆練習。如果剛開始做就中途停止，那麼所學到的一點東西很快就忘掉了。比如我們小的時候，手與口都沒有多少能力，透過累積兩三年的練習，然後才能說話，才能拿東西，何況其他更複雜的學問和技術呢？所以人們做事不能沒有恆心。

從前巴律西製造瓷器，經過了十八年的試驗之後才做成。布（蒲）豐寫自然史，經過了五十年的努力之後才寫成。布申學習繪畫，從十多歲開始，一直到老死都在學。如果上述三個人，剛開始不久就改做其他事情，那麼也就很難成名了。

雖然這樣，但他們三個人不改做其他事情，並不是因為保守而不求上進。巴律西拿出數百件陶器，多次改建新窯，多次在陶器上塗抹新藥，以進行試驗。經過三次試驗，栗色的陶器都變白了，可以自認為做成了；但是他又進行了八年試驗，才做出了上好的瓷器。他又在瓷器上精心繪製花卉蟲鳥，這樣以後才引起了當時人們的重視。布豐著寫自然史，先後改了十一次，然後才公布於世。布申起先師從他家鄉的畫匠，

這位畫匠向布申傳授完所有的技法，再也沒有新的內容可教了；布申仍然不滿足，於是就到巴黎去，得到盡情欣賞美術傑作的機會；他還是不滿足，立志要去羅馬，後來因為貧窮，到了佛羅倫斯後不得不返回，繼而在里昂中止了行程，到他第三次出行，才到達羅馬。於是他縱情觀賞古人的名作，學習解剖學，以古代的雕像為摹本進行繪畫，向朋友借來繪畫書籍苦讀，最終他的繪畫技巧大有長進。布申晚年時法國國王召見他，把他供養在巴黎畫院。最後兩年，他辭了職，又去羅馬。他在衰老而得病的時候，說：「我雖然老了，我精益求精的上進之心卻更加強烈了，我一定要使我的繪畫技巧達到最高的境界。」如果巴律西以三次試驗的結果就滿足了，布豐以自己的初稿而滿足，布申以家鄉的老師所教的和在巴黎所得到的知識為滿足，那麼他們作品的價值，又怎麼能這樣顯耀呢？這是有恆心而又不保守的先例。沒有恆心的人，東張西望，沒有一定的套路。保守的人，徘徊於只能容足的地方，而且常常照著原來的腳印走路。有恆心的人，有固定的宏偉目標，而又無時無刻不在向著既定的目標奮進。這就是上述三人與一般人的不同之處。

德育三十篇

智育十篇

文字

　　人類之思想，所以能高出於其他動物，而且進步不已者，由其有複雜之語言，而又有劃一之文字以記載之。蓋語言雖足為思想之表識，而不得文字以為之記載，則記憶至艱，不能不限於簡單；且傳達至近，亦不能有集思廣益之作用。自有文字以為記憶及傳達之助，則一切已往之思想，均足留以為將來之導線；而交換知識之範圍，可以無遠弗屆。此思想之所以日進於高深，而未有已也。

　　中國象形為文，積文成字，或以會意，或以諧聲，而一字常止一聲。西洋各國，以字母記聲，合聲成字，而一字多不止一聲。此中西文字不同之大略也。

　　積字而成句，積句而成節，積節而成篇，是謂文章，亦或單謂之文。文有三類：一曰，敘述之文。二曰，描寫之文。三曰，辯論之文。敘述之文，或敘自然現象，或敘古今之人事，自然科學之記載，及歷史等屬之。描寫之文，所以寫人類之感情，詩、賦、詞、曲等屬之。辯論之文，所以證明真理，糾正謬誤，孔、孟、老、莊之著書，古文中之論說辯難等屬之。三類之中，間亦互有出入，如歷史常參論斷，詩歌或敘故事是也。吾人通訊，或敘事，或言情，或辯理，三類之文，隨時採用。今之報紙，有論說，有新聞，有詩歌，則兼三類之文而寫之。

[譯文]

　　人類的思想，之所以能高出其他動物，而且還在不停地進步，是因為有複雜的語言，又有整齊劃一的文字以記載語言。語言雖然能表達思

想，但如果得不到文字記載的話，記憶就會很艱難，只能局限在簡單的層次；而且只能在很近的地方傳播，也無法具有集思廣益的作用。自從有文字來幫忙記憶以及傳達以來，一切已經過去的思想，都可以保留下來成為將來的基礎；而且知識交換的範圍，也可以不受距離的限制。這就是思想之所以日漸進步並永無止境的緣故。

中國文字以象形構成筆畫，再由筆畫組合成文字，有些是會意字，有些是形聲字，而且一個字常常只有一個音節。西方國家，以字母記錄讀音，將讀音組合成字詞，而且一個字詞往往不止一個音節。這就是中西文字不同之處的大概情況。

字片語合成為句子，句子排列成為段落，段落累積成為篇章，這就叫做文章，也可以單稱為「文」。文有三種類型：一是敘述，二是抒情，三是辯論。敘述文，有的敘述自然現象，有的敘述古往今來的人物、事件，記載自然科學，以及歷史等一類的內容。抒情文，是用來抒寫人類的情感，如詩、賦、詞、曲等類都屬於抒情文。辯論文，是用來證明真理，糾正謬誤，孔子、孟子、老子、莊子的著作，古文中的論、說、辯、難等議論文章都屬於辯論文。這三種文章類型之中，有時也互相有所交叉，比如寫歷史的敘述文中常常夾雜一些論斷，詩歌有時候也敘述故事。我們通訊時，信中或者敘事，或者言情，或者說理，三類手法都可以隨時採用。現在的報紙上，有評論，有新聞，有詩歌，都是兼備了三類文章而寫作的。

音樂

　　音樂者，合多數聲音，為有法之組織，以娛耳而移情者也。其所託有二：一曰人聲，歌曲是也。二曰音器，自昔以金、石、絲、竹、匏、土、革、木者為之；今所常用者，為金、革、絲、竹四種。音樂中所用之聲，以一秒中三十二顫者為最低，八千二百七十六顫者為最高。其間又各自為階，如二百五十顫至五百十七顫之聲為一階，五百十七顫至千有三十四顫之聲又自為一階等，謂之音階是也。一音階之中，吾國古人選取其五聲以作樂。其後增為七及九。而西人今日之所用，則有正聲七，半聲五，凡十二聲。

　　聲與聲相續，而每聲所占之時價，得量為伸縮。以最長者為單位。由是而縮之，為二分之一，四分之一，八分之一，十六分之一，三十二分之一，及六十四分之一焉。同一聲也，因樂器之不同，而同中有異，是為音色。

　　不同之聲，有可以相諧的，或隔八位，或隔五位，或隔三位，是為諧音。

　　合各種高下之聲，而調之以時價，文之以諧音，和之以音色，組之而為調、為曲，是為音樂。故音樂者，以有節奏之變動為系統，而又不稍滯於跡象者也。其在生理上，有節宣呼吸、動盪血脈之功。而在心理上，則人生之通式，社會之變態，宇宙之大觀，皆得緣是而領會之。此其所以感人深，而移風易俗易也。

[譯文]

　　音樂，是以一定的規律將多種聲音組織起來，使人們透過娛樂來陶冶情操的一門藝術。音樂的載體有兩種：一是人的聲音，歌曲就是人聲；二是樂器，古代的「八音」也就是用八種不同材料製成的樂器：金、石、絲、竹、匏、土、革、木。現在所常用的，有金（如鑼、鐃、鈸等打擊樂器）、革（如鼓）、絲（如琴、箏）、竹（如簫、笛）等四種。音樂中使用的音，以每秒振動三十二次的頻率為最低，每秒振動八千二百七十六次的頻率為最高，其間又各自有階段劃分，比如從每秒二百五十次振動到每秒五百一十七次振動的頻率為一階，每秒五百一十七次振動到每秒一千零三十四次振動的頻率又是一階，這就是音階。一個音階之中，中國古代取其中的七個音作曲，後來增加到七聲音階和九聲音階。而西方人現在所用的是七個正音，五個半音，一共十二音階。

　　音與音相連續，而每個音所占的時間長短都不一樣，這叫做音符。以最長的全音符為基本單位，以此依次遞減，有二分之一的二分音符，有四分之一的四分音符，八分之一的八分音符，十六分之一的十六分音符，三十二分之一的三十二分音符，以及六十四分之一的六十四分音符。同一個音，由於演奏樂器的不同，而在同音中有所差別，這就是音色。

　　不同的音，有的可以和諧相配，比如相隔八位，或者相隔五位，或者相隔三位，這叫做諧音（編注：今稱為「和弦」）。

　　組合了各種高低音階，協調音符時值，以和弦為修飾，選擇相適應的音色，組成曲調，這就是音樂。所以音樂是以有節奏的音符變動作為一個系統，而又絲毫不顯得板滯、停頓的聲音藝術。它在生理上，可以

造成調節呼吸節律、促使血脈流動的作用；在心理上，可以由它而領悟人生境界、社會變遷、宇宙永珍。這就是它能夠感人至深、達到移風易俗效果的根本原因。

圖畫

　　吾人視覺之所得，皆面也。賴膚覺之助，而後見為體。建築、雕刻，體面互見之美術也。其有舍體而取面，而於面之中，仍含有體之感覺者，為圖畫。

　　體之感覺何自起？曰：起於遠近之比例，明暗之掩映。西人更益以繪影寫光之法，而景狀益近於自然。

　　圖畫之內容：曰人，曰動物，曰植物，曰宮室，曰山水，曰宗教，曰歷史，曰風俗。既視建築雕刻為繁複，而又含有音樂及詩歌之意味，故感人尤深。

　　圖畫之設色者，用水彩，中外所同也。而西人更有油畫，始於「文藝中興」時代之義大利，迄今盛行。其不設色者，曰水墨，以墨筆為濃淡之烘染者也。曰白描，以細筆鉤勒形廓者也。不設色之畫，其感人也，純以形式及筆勢，設色之畫，其感人也，於形式、筆勢以外，兼用激刺。

　　中國畫家，自臨摹舊作入手。西洋畫家，自描寫實物入手。故中國之畫，自肖像而外，多以意構，雖名山水之圖，亦多以記憶所得者為之。西人之畫，則人物必有概範，山水必有實景，雖理想派之作，亦先有所本，乃增損而潤色之。

　　中國之畫，與書法為緣，而多含文學之趣味。西人之畫，與建築、雕刻為緣，而佐以科學之觀察，哲學之思想。故中國之畫，以氣韻勝，善畫者多工書而能詩。西人之畫，以技能及義蘊勝，善畫者或兼建築、圖畫二術。而圖畫之發達，常與科學及哲學相隨焉。中國之圖畫術，託

始於虞、夏，備於唐，而極盛於宋，其後為之者較少，而名家亦復輩出。西洋之圖畫術，託始於希臘，發展於十四、十五世紀，極盛於十六世紀。近三世紀，則學校大備，畫人夥頤，而標新領異之才，亦時出於其間焉。

[譯文]

我們視覺所看到的，都是平面，依靠觸覺的幫助，才有立體感。建築和雕塑都是平面和立體互見的藝術類型。藝術中還有捨棄立體，只取平面，但在平面之中，仍然含有立體的感覺，這就是繪畫。

立體的感覺從何而來？可以這樣說：來自物體遠近的比例，明暗的層次掩映。西方人更利用光與影之間關係的描繪技法，使繪出的景物更加接近於自然。

繪畫的內容包括：人、動物、植物、建築、山水、宗教、歷史、風俗。比起建築雕塑等藝術來，繪畫藝術既顯得豐富複雜，又含有音樂、詩歌的韻味，所以非常感人。

繪畫的顏色是用水彩來做的，中外都一樣。但是，西方人還有油畫，它始於文藝復興時期的義大利，至今仍然盛行。而繪畫中還有不帶顏色的：一種稱為水墨畫，是以墨筆來展現畫面的濃淡；一種稱為白描，是用細筆勾勒物體的輪廓。不帶顏色的畫，純粹以形式和筆勢來感染人，而帶顏色的畫感染人的地方，除了形式、筆勢之外，還有色彩的對比反差。

中國的畫家，學繪畫從臨摹前人的舊作入手；西方的畫家，學繪畫從描寫實物入手。所以中國畫之中，除了肖像畫以外，多數是以意境構成，雖然稱為山水畫，也大多是畫家憑著記憶中的印象描繪出來的。西

洋畫，人物畫一定要有模特兒，山水畫一定要有實景，即使是理想派的作品，也要先有藍本，再在藍本的基礎上進行修改和潤色。

　　中國畫與書法有密切關係，並且大多含有文學方面的趣味。西方人的畫則與建築、雕塑有連繫，並伴有科學的觀察、哲學的思想。所以中國畫以氣韻取勝，善於繪畫的人多數也精通書法、擅長寫詩；西方的畫以技能和意蘊取勝，善於繪畫的人有的兼通建築與繪畫兩種藝術。而且繪畫藝術的進步，常常與科學、哲學的發展相伴隨。中國的繪畫，起源於上古的堯、舜、禹時期，成熟於唐朝，鼎盛於宋朝，此後繪畫的人逐漸減少，但也時時有名家輩出。西方的繪畫，起源於古希臘時期，發展於十四、十五世紀，十六世紀最為興盛。近三個世紀以來，傳授繪畫的學校大為齊備，畫家眾多，其間也不時有標新立異的人才出現。

戲劇

在閎麗建築之中，有雕刻、裝飾及圖畫，以代表自然之景物。而又演之以歌舞，和之以音樂，集各種美術之長，使觀者心領神會，油然與之同化者，非戲劇之功用乎？中國戲劇，託始於古代之歌舞及俳優；至唐而始有專門之教育；至宋、元而始有完備之曲本；至於今日，戲曲之較為雅馴、聲調之較為沉鬱者，唯有「崑曲」，而不投時人之好，於是「漢調」及「秦腔」起而代之。漢調亦謂之皮黃，謂西皮及二黃也。秦腔亦謂之梆子。

西人之戲劇，託始於希臘，其時已分為悲劇、喜劇兩種，各有著名之戲曲。今之戲劇，則大別為歌舞及科白二種。歌舞戲又有三別：一曰正式歌舞劇（opera），全體皆用歌曲，而性質常傾於悲劇一方面者也。二曰雜體歌舞劇（opera comique），於歌曲之外，兼用說白，而參雜悲劇以喜劇之性質者也。三曰小品歌舞劇（opèrette），全為喜劇之性質，亦歌曲與說白並行，而結體較為輕佻者也。科白劇又別為二：一曰悲劇（tragiqnue），二曰喜劇（comédie），皆不歌不舞，不和以音樂，而言語行動，一如社會之習慣。今中國之所謂新劇，即仿此而為之。西人以戲劇為社會教育之一端，故設備甚周。其曲詞及說白，皆為著名之文學家所編；學校中或以是為國文教科書。其音譜，則為著名之音樂家所制。其演劇之人，皆因其性之所近，而研究於專門之學校，能洞悉劇本之精意，而以適當之神情寫達之。故感人甚深，而有功於社會也。其由戲劇而演出者，又有影戲：有像無聲，其感化力雖不及戲劇之巨，然名手所編，亦能以種種動作，寫達意境；而自然之勝景，科學之成績，尤能畫其層累曲折之狀態，補圖書之所未及。亦社會教育之所利賴也。

[譯文]

　　在宏偉壯麗的建築之中，含有雕塑、裝飾以及繪畫等手法，以代表自然的景物，而又加上歌舞的表演，音樂的唱和，集中各種美術的長處，使觀眾心領神會，油然而產生同化感的，不正是戲劇的功效嗎？中國的戲劇，起源於古代的歌舞和俳優戲；唐代開始有專門的教坊組織教習演劇；宋元時期才開始出現完整的戲曲劇本；到了現代，戲曲中文辭比較雅馴、聲調比較沉鬱的，只有「崑曲」，但它已經不投合時人的愛好，於是「漢調」、「秦腔」等地方戲興起並取代了崑曲。漢調也叫做皮黃，就是西皮和二黃；秦腔也稱作梆子。

　　西方戲劇，起源於古希臘，當時就已經分為悲劇、喜劇兩種，各有著名的戲曲作品。現代戲劇，大致分為歌舞劇和話劇兩種。歌舞劇又分三種：一是正式歌舞劇，全部用歌曲，其內容多傾向於悲劇性方面；二是雜體歌舞劇，在歌曲之外還兼用說白，在悲劇中又摻雜了喜劇的性質；三是小品歌舞劇，全是喜劇的性質，也是歌曲與說白兼用，情節結構比較輕佻。話劇又分兩種：一是悲劇，二是喜劇，都沒有歌舞，不用配樂，對白和動作都和社會生活習慣一樣。現在中國所謂的「新劇」，就是仿效西方話劇而創作的。

　　西方人將戲劇作為社會教育方式的一種，所以對它的設定很周全。戲劇的曲詞以及說白，都是著名的文學家編寫的，有些學校甚至用戲劇劇本作為國文教科書。戲劇的樂譜，由著名音樂家譜寫。戲劇的演員，都是因為自身性格喜好與這門藝術相近，從而在專門的學校進行研習，能夠透澈把握劇本的深刻含義，並以適當的神情來表達，所以能感人至深，對社會產生巨大影響。

　　以戲劇方式演出的藝術，還有一種影戲（編注：即電影，當時電影還

處於默片時期）：有影像而沒有聲音，其感染力雖然不及戲劇的巨大，但名家所編創的影戲，也能以種種動作表達意境；而且對於大自然的美景，科學研究的成果，影戲尤其能細緻刻劃其中層次曲折的各種狀態，補充圖畫書本所無法表達的內容。這也是一種很好的社會教育方式。

詩歌

　　人皆有情。若喜、若怒、若哀、若樂、若愛、若懼、若怨望、若急迫，凡一切心理上之狀態，皆情也；情動於中，則聲發於外，於是有都、俞、噫、諮、籲、嗟、烏呼、咄咄、荷荷等詞，是謂嘆詞。

　　雖然，情之動也，心與事物為緣。若者為其發動之因，若者為其希望之果，且情之程度，或由弱而強，或由強而弱，或由甲種之情而嬗為乙種，或合數種之情而冶諸一爐，有決非簡單之嘆詞所能寫者，於是以抑揚之聲調，複雜之語言形容之。而詩歌作焉：

　　聲調者，韻也，平、側聲也。「平」者，聲之位於長短疾徐之間者也，其最長最徐之聲曰「去」，較短較徐之聲曰「上」，最短最徐之聲曰「入」。三者旨為側聲。

　　語言者，詞句也。古者每句多四言，而其後多五言、及七言，以八句為一首者，曰律詩，十二句以上，曰排律。四句者，曰絕句（絕句偶有六言者）。古體詩則句數無定。詩之字句有定數，而歌者或不能不延一字為數聲，或壓數字為一聲，於是乎有準歌聲之延壓以為詩者，古者謂之樂府，後世則謂之詞。詞之複雜而通俗者謂之曲：詞所用之字，不唯辨平側，而又別清濁，所以諧於歌也。

　　古者別詩之性質為三：曰風，曰雅，曰頌。風，純乎言情者也；雅，言情而兼敘事者也；頌，所以讚美功德者也，後世之詩，亦不外乎此三者。與詩相類者有賦，有駢文。其聲調皆不如詩之謹嚴。賦有韻，而駢文則不必有韻。

[譯文]

　　人類都有情感，如喜、怒、哀、樂、愛戀、懼怕、怨恨、急躁等等，凡是一切心理上的狀態，都是情感。情感產生於內心，對外則發出聲音，於是有唉、呀、啊、咳、籲、嗟、嗚呼、咄咄、呵呵等詞，稱作感嘆詞。

　　雖然這樣，但是情感的發生還是緣於心與事物發生關係。其中有情感產生的原因，有情感所希望的結果，而且情感的程度，或者由弱到強，或者由強到弱，或者從這種情感轉變為另一種情感，或者綜合了多種情感為一體，有些情感決非簡單的感嘆詞所能描述，於是人們用抑揚頓挫的聲調和複雜的語言來形容它，從而產生了詩歌。

　　聲調就是韻以及平、仄聲。「平」是指發聲位於長短緩急之間的音調，最長最緩的音調稱為「去」聲，較短較緩的音調稱為「上」聲，最短最緩的音調稱為「入」聲，後三者都是仄聲。

　　語言就是詞句。中國詩歌的語言，最早的每句多數是四言，其後以五言、七言為多。一首八句的詩，稱作律詩，十二句以上的則稱作排律。一首四句的詩稱為絕句（絕句也偶爾有六言句的）。古體詩的句數不確定。詩的字句有一定的規格，但唱歌的人不得不適應樂曲的節奏變化，有時延長一字來對應幾個音，有時壓縮幾個字在一個音裡，於是有人就依據歌聲的長短變化寫詩，古時稱為樂府，後代則稱作「詞」。詞當中，節奏複雜而語句通俗的又稱作「曲」。詞中所用的字，不但要辨明平仄，而且還要分別清音和濁音，以使唱歌時音節和諧。

　　古人將詩的性質分成三種：風、雅、頌。風，是純粹的言情詩歌；雅，是言情而兼有敘事內容的詩歌；頌，是用來讚美道德和功業的詩篇。後代的詩歌，也不外乎這三種類型。與詩歌體裁相類似的還有賦，有駢文，它們的聲調要求都不如詩歌格律的嚴謹。賦要押韻，而駢文則不必押韻。

歷史

　　歷史者，記載已往社會之現象，以垂示將來者也。吾人讀歷史而得古人之知識，據以為基本，而益加研究，此人類知識之所以進步也。吾人讀歷史而知古人之行為，辨其是非，究其成敗，法是與成者，而戒其非與敗者，此人類道德與事業之所以進步也。是歷史之益也。

　　中國歷史舊分三體：一曰紀傳體。為君主作本紀，為其他重要之人物作列傳，又作表以記世系及大事，作志以記典章：如《史記》、《漢書》、二十四史等是也。二曰編年體。循事記事，便於稽前後之關係：如《左氏春秋傳》及《資治通鑑》等是也。三曰紀事本末體。每紀一事，自為首尾，便於索相承之因果：如《尚書》及《通鑑紀事本末》等是也。三者皆以政治為主，而其他諸事附屬之。

　　新體之歷史，不偏重政治，而注意於人文進化之軌轍。凡夫風俗之變遷，實業之發展，學術之盛衰，皆分治其條流，而又綜論其統系。是謂文明史。

　　又有專門記載，如哲學史、文學史、科學史、美術史之類。是為文明史之一部分，中國紀傳史中之儒林，文苑諸傳，及其他《宋元學案》、《疇人傳》、《畫人傳》等書，皆其類也。

[譯文]

　　歷史，是記載已經過去了的社會現象、用以昭示後人的一門學科。我們讀歷史，獲得古代的知識，以此作為基礎並加以研究，這是人類知識之所以能夠進步的原因。我們讀歷史，知道古人的行為，辨析是非曲

直，研究成敗得失，效仿正確和成功的做法，而以錯誤和失敗的教訓為鑑，這是人類道德和事業之所以能夠進步的原因。這些都是歷史的有益之處。

中國的歷史著作，過去分為三種體裁：一是紀傳體。為君主撰寫「本紀」，為其他重要的人物撰寫「列傳」，又編寫「表」以記錄皇家、貴族的世系和國家的大事，編撰「志」來記載文獻數據，例如《史記》、《漢書》以及二十四史等正史都是紀傳體史書。二是編年體。按照時間先後順序記錄歷史事件，便於考核事件發生的前後關係，例如《左氏春秋傳》、《資治通鑑》這一類史書。三是紀事本末體。每記錄一件事情，都有始有終，首尾完全，以便考察這件事發生的前因後果，例如《尚書》、《通鑑紀事本末》等史書。這三種體裁的歷史著作，都是以政治為主，其他事情為附屬。

現代的新歷史學，不再偏重政治，而注意人文進化的軌跡。凡是風俗的變遷，實業的發展，學術的盛衰，都分別梳理它們的條目流變，綜述它們的系統構成。這就稱為「文明史」。

另外還有專門性的歷史著作，如哲學史、文學史、科學史、美術史之類，都是文明史的一部分。中國紀傳體歷史著作中的《儒林傳》、《文苑傳》等，以及其他傳記著作《宋元學案》、《疇人傳》、《畫人傳》等書，都可以歸入這一類。

地理

地理者，所以考地球之位置區劃、及其與人生之關係者也，可別為三部。

一曰數學地理：如地球與日球及其他行星之關係，及其自轉、公轉之規則等是也。此吾人所以有晝夜之分，與夫春、夏、秋、冬之別。

二曰天然地理：如土壤之性質，山脈、河流之形勢，動、植、礦各物之分布，氣候之遞變，雨量、風向之比例等是也。吾人之狀貌、性情、習尚及職業，往往隨所居之地而互相差別者，以此。

三曰人文地理：又別為二。其一，關於政治，如大地分為若干國，有中華民國及法國等。一國之中，又分為若干省，如中華民國有二十四省，法國有八十六省是也。其不編為省者曰屬地，如法國有安南及美、非、澳諸州屬地是也。其二，關於生計，如物產之豐嗇，鐵道、運河之交通，農、林、漁、牧之區域，工商之都會等是也。二者，皆地理與人生有直接之關係者也。故謂之人文地理。

凡記載此等各部之現狀者，謂之地理志，亦曰地誌。合全地球而記載之，是謂世界地誌。其限於一國者，為某國地誌，如中華民國地誌，及法國地誌等是也。地理非圖不明，故志必有圖，而圖不必皆附於志。

[譯文]

地理，是用來考證地球的位置、區劃，以及它與人類生存關係的一門學科，可以分為三個門類：

一是數學地理：如研究地球與太陽及其他行星的關係，以及地球的

自轉、公轉的規律等。數學地理學可以告訴我們為什麼會有晝夜的分別，以及春、夏、秋、冬四季的劃分。

二是天然地理：如研究土壤的性質，山脈、河流的走勢，動植物、礦物的分布，氣候的順序變化，雨量、風向的比例等。因為這些因素，我們的身體形貌、性格心情、風俗習慣以及職業特點等，往往因居住地的不同而互有差別。

三是人文地理：又分為兩種。其一，關於政治，例如地球陸地分為若干國家，有中華民國以及法國等國家。一國之中，又分為若干省分，如中華民國有二十四個省分，法國有八十六個省分等。其中不編為省分的稱為屬地，如法國有安南以及在美洲、非洲、澳洲等洲的屬地等。其二，關於生計，比如這塊土地上的物產是豐富還是貧瘠，鐵道、運河的交通狀況，農業、林業、漁業、牧業的區域，工商業型大都市等。上述兩者，都是地理與人類生活有直接關係的方面，所以稱為人文地理。

凡是記載這些各種門類現狀的著作，就稱為地理志，也叫地誌。綜合記載全地球的地理，稱為世界地誌；只限於一個國家的地理，稱為某國地誌，如《中華民國地誌》、《法國地誌》等。地理如果沒有地圖，就很難記載清楚，所以地誌著作一定配有地圖，但地圖不必都附載於地誌書裡，也可以以單行本的形式出版發行。

建築

　　人之生也，不能無衣、食與宮室。而此三者，常於實用之外，又參以美術之意味。如食物本以適口腹也，而裝置又求其悅目；衣服本以禦寒暑也，而花樣常見其翻新；宮室本以蔽風雨也，而建築之術，尤於美學上有獨立之價值焉。

　　建築者，集眾材而成者也。凡材品質之精粗，形式之曲直，皆有影響於吾人之感情。及其集多數之材，而成為有機體之組織，則尤有以代表一種之人生觀。而容體氣韻，與吾人息息相通焉。

　　吾國建築之中，具美術性質者，略有七種：一曰宮殿，古代帝王之居處與陵寢，及其他佛寺道觀等是也。率皆四阿而重簷，上有飛甍，下有崇階，朱門碧瓦，所以表尊嚴富麗之觀者也。二曰別墅。蕭齋邃館，曲榭迴廊，間之以亭臺，映之以泉石，寧樸毋華，寧疏毋密，大抵極清幽瀟灑之致焉。三曰橋。疊石為穹窿式，與羅馬建築相類。唯羅馬人廣行此式，而中國則自橋以外罕用之。四曰城。疊磚石為之，環以雉堞，隆以譙門，所以環衛都邑也。而堅整之概，有可觀者，以萬里長城為最著。五曰華表。樹於陵墓之前，間用六面形，而圓者特多，冠以柱頭，承以文礎，頗似希臘神祠之列欄；而兩相對立，則又若埃及之方尖塔然。六曰坊。所以旌表名譽，樹於康衢或陵墓之前，頗似歐洲之凱旋門，唯彼用穹形，而我用平構，斯其異點也。七曰塔。本諸印度而參以中國固有之風味，有七級、九級、十三級之別，恆附於佛寺，與歐洲教堂之塔相類；唯常於佛殿以外，呈獨立之觀，與彼方之組入全堂結構者不同。要之，中國建築，既不如埃及式之闊大，亦不類峨特式之高騫，而秩序謹嚴，配置精巧，為吾族數千年來守禮法尚實際之精神所表示焉。

[譯文]

人的生活，不能沒有衣服、食物和住宅。而這三種生活必需品，常常在實用功能之外，又加入了美術的趣味。比如食物本來是滿足人們口腹之慾的，卻又要求在製作上賞心悅目；衣服本來是保暖禦寒的，卻常常花樣翻新；住宅本來是遮風避雨的，然而建築學卻在美學上具有獨特的價值。

建築，是集合了眾多材料而構成的。材料品質是精緻還是粗糙，形式是彎曲還是筆直，都會影響到我們的性情。當建築物集中了多數的材料，構成一個有機的整體組織之時，它完全可以代表一種人生觀。而且它的外形和氣韻，與我們的感覺息息相通。

中國建築之中，具有美術性質的，大致有七種：一是宮殿。一般作為古代帝王的居處和陵墓，還有其他佛寺道觀等。宮殿建築大都是四方形建築，多層高簷，上面有飛揚式的拱頂，下面有高而整齊的臺階，朱紅的大門，碧綠的琉璃瓦，給人一種尊貴富麗的觀感。二是別墅。書齋館舍，曲折樓榭，迴環長廊，間隔著建有觀景的亭臺，以泉水假山掩映其間作為點綴，追求樸素擯除華麗，要求空疏不可密集，極盡清幽瀟灑的韻味。三是橋。以石塊壘成拱狀穹隆式，與羅馬式建築有些相似，但羅馬式建築普遍採用這種樣式，而中國的建築除橋以外很少使用穹隆式。四是城。以磚石壘成，四周城牆之上環繞著可以供守軍瞭望、隱蔽和射箭的城堞，四角建有守衛、報時人員值勤時所住的望樓，其功能是為了守護城市不受外敵侵略。城的建築要求是堅固整齊，其中具有觀賞價值的，以萬里長城最為著名。五是華表。樹立在陵墓之前，有時也有六面形柱子，但一般多使用圓形柱，頂上有雕刻著神獸的柱頭，下方承接繪有浮雕裝飾的柱礎，很像希臘神祠裡的列欄。而華表的兩兩對立，

則又像埃及的方尖塔。六是坊。是為了旌表某個人的名譽而建造的，一般樹在街道或者陵墓之前，好像歐洲的凱旋門，但是歐洲使用的是穹形拱門，而中國是平面方形結構，這是兩者的不同之處。七是塔。來源於印度，卻融入了中國固有的審美風味，有七級、九級、十三級的區別，常建造於佛寺之中，與歐洲教堂的塔相似；但中國的塔一般建於佛殿之外，呈現出獨立的觀賞價值，與歐洲將塔融入整個教堂建築結構的方式並不相同。總而言之，中國的建築，既不如埃及式建築的雄壯闊大，也不像哥德式建築的巍峨高峻，卻是秩序嚴謹，配置精巧，正是我們民族數千年來遵守禮法、崇尚實際的精神的展現。

雕刻

　　音樂、建築皆足以表示人生觀；而表示之最直接者為雕刻，雕刻者，以木、石、金、土之屬，刻之範之，為種種人物之形象者也。其所取材，率在歷史之事實，現今之風俗，即有推本神話宗教者，亦猶是人生觀之代表云爾。

　　雕刻之術，大別為二類：一淺雕凸雕之屬，象不離璞，僅以圻堮起伏之文寫示之者也。如山東嘉祥之漢武梁祠畫像，及山西大名之北魏造像等屬之。一具體之造像，雕刻之工，面面俱到者也。如商武乙為偶人以象天神，秦始皇鑄金人十二，及後世一切神祠佛寺之像皆屬之。

　　雕刻之精者，一曰勻稱，各部分之長短肥瘠，互相比例，不違天然之狀態也。二曰緻密，思索之工，無懈可擊也。三曰渾成，無斧鑿痕也。四曰生動，儀態萬方，合於力學之公例，神情活現，合於心理學之公例也。吾國之以雕刻名者，為晉之戴逵，嘗刻一佛像，自隱帳中，聽人臧否，隨而改之。如是者十年，厥工方就，然其像不傳。其後以塑像名者，唐有楊惠之，元有劉元。西方則古代希臘之雕刻，優美絕倫；而十五世紀以來，意、法、德、英諸國，亦復名家輩出。吾人試一遊巴黎之魯佛爾及盧克遜堡博物院，則希臘及法國之雕刻術，可略見一斑矣。

　　相傳越王勾踐嘗以金鑄范蠡之像，是為中國鑄造肖像之始。然後世鮮用之。西方則自羅馬時競尚雕鑄肖像，至今未沫。或以石，或以銅，無不面目逼真焉。

　　中國尚儀式，而西人尚自然，故中國造像，自如來袒胸，觀音赤足，仍印度舊式外，鮮不具冠服者。西方則自希臘以來，喜為裸像；其

為骨骼之修廣，筋肉之張弛，悉以解剖術為準。作者固不能不先有所研究，觀者亦得為練達身體之一助焉。

[譯文]

音樂和建築都足以表現人生觀，而表現得最為直接的是雕塑。雕塑是用木、石、金、土之類的材料，加以鑿刻和塑形，成為各種人和物的形象的一門藝術。雕塑的取材內容，大多是歷史的事實和現今的風俗，即使有取材於神話宗教的，也還是一種人生觀的表達。

雕塑的方法，基本上分為兩類：一是浮雕，雕出來的像簡單樸實，僅僅是用凹凸起伏的花紋描繪人與物罷了。如山東嘉祥的漢代武梁祠畫像，以及山西大名的北魏造像，都屬於浮雕。另一類是具體的塑像，雕塑的功夫，要求面面俱到。如商代武乙製造的天神偶像，秦始皇鑄造的十二個銅人，以及後來神祠佛寺中的所有神像等，都屬於塑像。

雕刻的精美之處，一是勻稱，各部分的長短肥瘦，互相間比例適中，不違反自然狀態。二是細緻，雕琢打磨的工巧，無懈可擊。三是渾成，要求看不到斧鑿的痕跡。四是生動，表現動態要儀態萬方，合乎力學的原理，表現神態要活靈活現，合乎心理學的原理。中國古代以雕塑家著稱的是晉代的戴達，他曾經刻一個佛像，自己藏身在佛像後的神帳裡，聽取參觀者的意見，然後予以修改。就這樣他一共用了十年時間才告成功，可惜他的雕刻作品現在已經失傳了。其後著名的塑像家，唐代有楊惠之，元代有劉元。西方則是以古希臘的雕塑最為精美絕倫，十五世紀以來，意、法、德、英諸國，在雕塑方面也是名家輩出。我們如果去巴黎的羅浮宮以及盧克遜堡博物館遊玩參觀，對於古希臘及法國的雕塑藝術，就可以略窺一斑。

相傳越王勾踐曾經用金來鑄造手下賢臣范蠡的塑像，這是中國鑄造人物肖像的起始，但後世很少再用。西方則從古羅馬時期就競相雕塑和鑄造人物肖像，這門藝術至今仍未衰落。有的是石雕，有的是銅雕，無不面目逼真。

　　中國崇尚儀式，而西方人崇尚自然，所以中國的塑像，除了如來露胸、觀音赤腳，仍然保留印度舊有的模樣之外，很少有不穿衣戴冠的。西方雕塑家則從古希臘以來就喜歡雕塑裸體人物像，人像骨骼的長短粗細，筋肉的鬆弛緊繃，都以解剖學原理為準則。雕塑者自然不能不先對解剖學有所研究，而觀賞者也必須以解剖原理作為了解人體結構的輔助。

裝飾

　　裝飾者，最普通之美術也。其所取之材，曰石類，曰金類，曰陶土，此取諸礦物者也；曰木，曰草，曰藤，曰棉，曰麻，曰果核，曰漆，此取諸植物者也；曰介，曰角，曰骨，曰牙，曰皮，曰毛羽，曰絲，此取諸動物者也。其所施之技，曰刻，曰鑄，曰陶，曰鑲，曰編，曰織，曰繡，曰繪。其所寫像者，曰幾何學之線面，曰動植物及人類之形狀，曰神話宗教，及社會之事變。其所附麗者，曰身體，曰被服，曰器用，曰宮室，曰都市。

　　身體之裝飾，一曰紋身，二曰虧體。紋身之飾，或繪或刺，為未開化所常有。中國今唯演劇時或以粉墨塗面；而臂上花繡，則唯中國之拳棒家，外國之航海家，間或有之。虧體之飾，如野蠻人穿鼻懸環，鑿唇安木之屬，中國婦女，舊有纏足、穿耳之習，亦其類也。

　　被服之裝飾，如冠、服、帶、佩及一切金、鑽、珠、玉之飾皆是。近世文明民族，已日趨簡素；唯帝王、貴族、及軍人，猶有特別之制服；而婦女冠服，尚喜翻新。巴黎新式女服，常為全歐模範。德、法殲戰以後，德政府嘗欲創日耳曼式以代之，而德之婦女，未能從焉。

　　器用之裝飾，大之如坐臥具，小之如陳設品皆是。中國如商、周之鐘鼎，漢之鏡，宋以後之瓷器，皆其選也。

　　宮室之裝飾，如簷楣柱頭，多有刻文；承塵及壁，或施繪畫；集色彩之玻板以為窗，綴斑駁之石片以敷地，皆是。其他若窗幕、地氈之類，亦附屬之。

　　都市之裝飾，如《考工記》：「匠人營國，方九里，旁三門，國中九

經九緯，經塗九軌。」所以求均稱而表莊嚴也。巴黎一市，塞納河左右，緯以長橋，界為馳道，間以廣場，文以崇閎之建築，疏以廣大之園林，積漸布置，蔚成大觀；而馳道之旁，蔭以列樹，芬以花塍；廣場及公園之中，古木雜花，噴泉造像，分合錯綜，悉具意匠。是皆所以饜公眾之美感，而非一人一家之所得而私也。

由是觀之，人智進步，則裝飾之道，漸異其範圍。身體之裝飾，為未開化時代所尚；都市之裝飾，則非文化發達之國，不能注意，由近而遠，由私而公，可以觀世運矣。

[譯文]

裝飾是最常見的美術。裝飾的取材，有石頭、金屬、陶土，這些都取自礦物；有木，有草，有藤，有棉，有麻，有果核，有油漆，這些都取自植物；有貝殼，有角，有骨，有牙，有皮，有羽毛，有絲，這些都取自動物。裝飾所用的技術，有雕刻，有鑄造，有陶藝，有鑲嵌，有編，有織，有繡，有繪。裝飾所構成的形象，有幾何學上的線條與平面，有動植物和人類的形狀，有神話宗教內容和社會變化。裝飾所依附的對象，有身體，有服裝，有器具，有住宅，有都市。

身體的裝飾，一是紋身，二是虧體。紋身的裝飾，或者繪畫或者刺青，是未開化的民族通常使用的方式。中國現在只有在演戲時，有的角色用粉墨油彩塗面成為臉譜；而在手臂上刺花紋的做法，只有在中國揮拳舞棒的武術家，以及外國的航海家中間，才有人這樣做。虧體的裝飾，如野蠻人穿通鼻子掛上懸環，鑿穿嘴唇安上木製飾品等等，中國婦女在舊社會時有纏足、穿耳的陋習，也屬於虧體裝飾之類。

服裝的裝飾，像帽子、衣服、腰帶、佩飾以及一切金銀、鑽石、珠

寶、玉製品的飾物都屬於服飾。現代的文明民族已經日漸趨於簡單樸素，只有帝王、貴族，以及軍人，還保留著特別的制服。而婦女的衣帽服飾，崇尚花樣翻新。巴黎的新式女裝，常常成為全歐洲的模範。第一次世界大戰時，德法開戰之後，德國政府曾經想創造日爾曼式服飾以替代法國潮流，然而卻得不到德國婦女的認可。

器具的裝飾，大的如座椅、床鋪，小的如陳設品。中國商周時代的銅鐘、大鼎，漢代的香爐、銅鏡，宋代以後的瓷器，都屬於器具裝飾。

住宅的裝飾，像屋簷、門楣、柱頂，大多有雕刻花樣；天花板和牆壁上，有時繪有圖畫；彙集不同色彩的玻璃組合成窗戶，連綴五彩斑斕的石片拼成地板，這些都是住宅裝飾。其他的像窗簾、地毯之類也都附屬於住宅裝飾。

都市的裝飾，如《考工記》所說：「匠人營國，方九里，旁三門，國中九經九緯，經塗九軌。」也就是在建城之初，做好全域性性規劃，追求形式上的對稱，具有一種莊嚴的美感。比如巴黎，塞納河自城市中間穿過，河上橫跨長橋，以馬路作為街區的劃分，以廣場作為城市的活動空間，以宏偉高大的建築物裝扮城市的風景，以廣闊的園林製造空疏間隔感，積少成多，遞次布置，蔚為大觀；而馬路兩旁，有排列整齊的行道樹展開綠蔭，種植有花卉樹木的花壇散發芬芳；廣場上以及公園裡，古樹雜花，噴泉塑像，或分或合，錯落有致，都是別具匠心。這些裝飾都是為了滿足公眾的審美情趣，並非一人一家所私有的。

由此可以看出，民眾的智力越來越進步，那麼裝飾的方式也就漸漸有了不同的範圍。身體的裝飾是未開化的時代所崇尚的；而都市的裝飾，如果不是文化發達的國家就很難看到。由近到遠，由私到公，從裝飾的變遷，也可以觀察出這個社會的文明進化程度了。

智育十篇

中學修身教科書（上篇）

第一章　修己

第一節　總論

　　人之生也，不能無所為，而為其所當為者，是謂道德。道德者，非可以猝然而襲取也，必也有理想，有方法。修身一科，即所以示其方法者也。

　　夫事必有序，道德之條目，其為吾人所當為者同，而所以行之之方法，則不能無先後，所謂先務者，修己之道是已。

　　吾國聖人，以孝為百行之本，小之一人之私德，大之國民之公義，無不由是而推演之者，故曰唯孝友於兄弟，施於有政，由是而行之於社會，則宜盡力於職分之所在，而於他人之生命若財產若名譽，皆護惜之，不可有所侵毀。行有餘力，則又當博愛及眾，而勉進公益，由是而行之於國家，則於法律之所定，命令之所布，皆當恪守而勿違。而有事之時，又當致身於國，公而忘私，以盡國民之義務，是皆道德之教所範圍，為吾人所不可不勉者也。

　　夫道德之方面，雖各各不同，而行之則在己。知之而不行，猶不知也；知其當行矣，而未有所以行此之素養，猶不能行也。懷邪心者，無以行正義；貪私利者，無以圖公益。未有自欺而能忠於人，自侮而能敬於人者。故道德之教，雖統各方面以為言，而其本則在乎修己。

　　修己之道不一，而以康強其身為第一義。身不康強，雖有美意，無自而達也。康矣強矣，而不能啟其知識，練其技能，則奚擇於牛馬；故又不可以不求知能。知識富矣，技能精矣，而不率之以德性，則適以長

惡而遂非，故又不可以不養德性。是故修己之道，體育、知育、德育三者，不可以偏廢也。

第二節　體育

凡德道以修己為本，而修己之道，又以體育為本。

忠孝，人倫之大道也，非康健之身，無以行之。人之事父母也，服勞奉養，唯力是視，羸弱而不能供職，雖有孝思奚益？況其以疾病貽父母憂乎？其於國也亦然。國民之義務，莫大於兵役，非強而有力者，應徵而不及格，臨陣而不能戰，其何能忠？且非特忠孝也。一切道德，殆皆非羸弱之人所能實行者。苟欲實踐道德，宣力國家，以盡人生之天職，其必自體育始矣。

且體育與智育之關係，尤為密切，西哲有言：康強之精神，必寓於康強之身體。不我欺也。苟非狂易，未有學焉而不能知，習焉而不能熟者。其能否成立，視體魄如何耳。也嘗有抱非常之才，且亦富於春秋，徒以體魄屢弱，力不逮志，奄然與凡庸伍者，甚至或盛年廢學，或中道夭逝，尤可悲焉。

夫人之一身，本不容以自私，蓋人未有能遺世而獨立者。無父母則無我身，子女之天職，與生俱來。其他兄弟夫婦朋友之間，亦各以其相對之地位，而各有應盡之本務。而吾身之康強與否，即關於本務之盡否。故人之一身，對於家族若社會若國家，皆有善自攝衛之責。使傲然曰：我身之不康強，我自受之，於人無與焉。斯則大謬不然者也。

人之幼也，衛生之道，宜受命於父兄。及十三四歲，則當躬自注意矣。請述其概：一曰節其飲食；二曰潔其體膚及衣服；三曰時其運動；四曰時其寢息；五曰快其精神。

少壯之人，所以損其身體者，率由於飲食之無節。雖當身體長育之時，飲食之量，本不能以老人為例，然過量之忌則一也。使於飽食以後，尚歆於旨味而恣食之，則其損於身體，所不待言。且既知飲食過量之為害，而一時為食慾所迫，不及自制，且致養成不能節慾之習慣，其害尤大，不可以不慎也。

　　少年每喜於閒暇之時，雜食果餌，以致減損其定時之餐飯，是亦一弊習。醫家謂成人之胃病，率基於是，是烏可以不戒歟？

　　酒與菸，皆害多而利少。飲酒漸醉，則精神為之惑亂，而不能自節。能慎之於始而不飲，則無慮矣。吸菸多始於遊戲，及其習慣，則成癖而不能廢。故少年尤當戒之。菸含毒性，捲菸一枚，其所含毒分，足以斃雀二十尾。其毒性之劇如此，吸者之受害可知矣。

　　凡人之習慣，恆得以他習慣代之。飲食之過量，亦一習慣耳。以節制食慾之法矯之，而漸成習慣，則舊習不難盡去也。

　　清潔為衛生之第一義，而自清潔其體膚始。世未有體膚既潔，而甘服垢汙之衣者。體膚衣服潔矣，則房室庭園，自不能任其蕪穢，由是集清潔之家而為村落為市邑，則不徒足以保人身之康強，而一切傳染病，亦以免焉。

　　且身體衣服之清潔，不徒益以衛生而已，又足以優美其儀容，而養成善良之習慣，其裨益於精神者，亦復不淺。蓋身體之不潔，如蒙穢然，以是接人，亦不敬之一端。而好潔之人，動作率有秩序，用意亦復縝密，習與性成，則有以助勤勉精明之美德。借形體以範精神，亦繕性之良法也。

　　運動亦衛生之要義也。所以助腸胃之消化，促血液之循環，而爽朗其精神者也。凡終日靜坐偃臥而怠於運動者，身心輒為之不快，馴致食

慾漸減，血色漸衰，而元氣亦因以消耗。是故終日勞心之人，尤不可以不運動。運動之時間，雖若靡費，而轉為勤勉者所不可吝，此亦猶勞作者之不能無休息也。

凡人精神憂鬱之時，觸物感事，無一當意，大為學業進步之阻力。此雖半由於性癖，而身體機關之不調和，亦足以致之。時而遊散山野，呼吸新空氣，則身心忽為之一快，而精進之力頓增。當春夏假期，遊歷國中名勝之區，此最有益於精神者也。

是故運動者，所以助身體機關之作用，而為勉力學業之預備，非所以恣意而縱情也。故運動如飲食然，亦不可以無節。而學校青年，於蹴鞠競渡之屬，投其所好，則不惜注全力以赴之，因而毀傷身體，或釀成疾病者，蓋亦有之，此則失運動之本意矣。

凡勞動者，皆不可以無休息。睡眠，休息之大者也，宜無失時，而少壯尤甚。世或有勤學太過，夜以繼日者，是不可不戒也。睡眠不足，則身體為之衰弱，而馴致疾病，即倖免於是，而其事亦無足取。何則？睡眠不足者，精力既疲，即使終日研求，其所得或尚不及起居有時者之半，徒自苦耳。唯睡眠過度，則亦足以釀惰弱之習，是亦不可不知者。

精神者，人身之主動力也。精神不快，則眠食不適，而血氣為之枯竭，形容為之憔悴，馴以成疾，是亦衛生之大忌也。夫順逆無常，哀樂迭生，誠人生之常事，然吾人務當開豁其胸襟，清明其神志，即有不如意事，亦當隨機順應，而不使留滯於意識之中，則足以涵養精神，而使之無害於康強矣。

康強身體之道，大略如是。夫吾人之所以斤斤於是者，豈欲私吾身哉？誠以吾身者，因對於家族若社會若國家，而有當盡之義務者也。乃昧者，或以情慾之感，睚眥之忿，自殺其身，罪莫大焉。彼或以一切罪

129

惡，得因自殺而消滅，是亦以私情沒公義者。唯志士仁人，殺身成仁，則誠人生之本務，平日所以愛惜吾身者，正為此耳。彼或以衣食不給，且自問無益於世，乃以一死自謝，此則情有可憫，而其薄志弱行，亦可鄙也。人生至此，要當百折不撓，排艱阻而為之，精神一到，何事不成？見險而止者，非夫也。

第三節　習慣

　　習慣者，第二之天性也。其感化性格之力，猶朋友之於人也。人心隨時而動，應物而移，執毫而思書，操縵而欲彈，凡人皆然，而在血氣未定之時為尤甚。其於平日親炙之事物，不知不覺，浸潤其精神，而與之為至密之關係，所謂習與性成者也。故習慣之不可不慎，與朋友同。

　　江河成於涓流，習慣成於細故，昔北美洲有一罪人，臨刑慨然曰：吾所以罹茲罪者，由少時每日不能決然早起故耳。夫早起與否，小事也，而此之不決，養成因循苟且之習，則一切去惡從善之事，其不決也猶是，是其所以陷於刑戮也。是故事不在小，苟其反覆數四，養成習慣，則其影響至大，其於善否之間，烏可以不慎乎？第使平日注意於善否之界，而養成其去彼就此之習慣，則將不待勉強，而自進於道德。道德之本，固不在高遠而在卑近也。自灑掃應對進退，以及其他一事一物一動一靜之間，無非道德之所在。彼夫道德之標目，曰正義，曰勇往，曰勤勉，曰忍耐，要皆不外乎習慣耳。

　　禮儀者，交際之要，而大有造就習慣之力。夫心能正體，體亦能制心。是以平日端容貌，正顏色，順辭氣，則妄念無自而萌，而言行之忠信篤敬，有不期然而然者。孔子對顏淵之問仁，而告以非禮勿視，非禮勿聽，非禮勿言，非禮勿動。由禮而正心，誠聖人之微旨也。彼昧者，

動以禮儀為虛飾，袒裼披猖，號為率真，而不知威儀之不攝，心亦隨之而化，漸摩既久，則放僻邪侈，不可收拾，不亦謬乎。

第四節　勤勉

勤勉者，良習慣之一也。凡人所免之事，不能一致，要在各因其地位境遇，而盡力於其職分，是亦為涵養德性者所不可缺也。凡勤勉職業，則習於順應之道，與節制之義，而精細尋耐諸德，亦相因而來。蓋人性之受害，莫甚於怠惰。怠惰者，眾惡之母。古人稱小人閒居為不善，蓋以此也。不唯小人也，雖在善人，苟其飽食終日，無所事事，則必由佚樂而流於遊惰。於是鄙猥之情，邪僻之念，乘間竊發，馴致滋蔓而難圖矣。此學者所當戒也。

人之一生，凡德行才能功業名譽財產，及其他一切幸福，未有不勤勉而可坐致者。人生之價值，視其事業而不在年壽。嘗有年登期頤，而悉在醉生夢死之中，人皆忘其為壽。亦有中年喪逝，而樹立卓然，人轉忘其為夭者。是即勤勉與不勤勉之別也。夫桃梨李慄，不去其皮，不得食其實。不勤勉者，雖小利亦無自而得。自昔成大業、享盛名，孰非有過人之勤力者乎？世非無以積瘁喪其身者，然較之汨沒於佚樂者，僅十之一二耳。勤勉之效，蓋可睹矣。

第五節　自制

自制者，節制情慾之謂也。情慾本非惡名，且高尚之志操，偉大之事業，亦多有發源於此者。然情慾如駿馬然，有善走之力，而不能自擇其所向，使不加控御，而任其奔逸，則不免陷於溝壑，撞於巖牆，甚或以是而喪其生焉。情慾亦然，苟不以明清之理性，與堅定之意志節制

之，其害有不可勝言者。不特一人而已。苟舉國民而為情慾之奴隸，則夫政體之改良，學藝之進步，皆不可得而期，而國家之前途，不可問矣。此自制之所以為要也。

　　自制之目有三：節體欲，一也；制慾望，二也；抑熱情，三也。

　　飢渴之慾，使人知以時飲食，而榮養其身體。其於保全生命，振作氣力，所關甚大。然耽於厚味而不知饜飫，則不特妨害身體，且將汨沒其性靈，昏憒其志氣，以釀成放佚奢侈之習。況如沉湎於酒，荒淫於色，貽害尤大，皆不可不以自制之力預禁之。

　　慾望者，尚名譽，求財產，赴快樂之類是也。人無慾望，即生涯甚覺無謂。故慾望之不能無，與體欲同，而其過度之害亦如之。

　　豹死留皮，人死留名，尚名譽者，人之美德也。然急於聞達，而不顧其他，則流弊所至，非驕則諂。驕者，務揚己而抑人，則必強不知以為知，然拒人於千里之外，徒使智日昏，學日退，而虛名終不可以久假。即使學識果已絕人，充其驕矜之氣，或且凌父兄而傲長上，悖亦甚矣。諂者，務屈身以徇俗，則且為無非無刺之行，以雷同於汙世，雖足竊一時之名，而不免為識者所竊笑，是皆不能自制之咎也。

　　小之一身獨立之幸福，大之國家富強之基礎，無不有借於財產。財產之增殖，誠人生所不可忽也。然世人徒知增殖財產，而不知所以用之之道，則雖藏鏹百萬，徒為守錢虜耳。而矯之者，又或靡費金錢，以縱耳目之欲，是皆非中庸之道也。蓋財產之所以可貴，為其有利己利人之用耳。使徒事蓄積，而不知所以用之，則無益於己，亦無裨於人，與赤貧者何異？且積而不用者，其於親戚之窮乏，故舊之飢寒，皆將坐視而不救，不特愛憐之情浸薄，而且廉恥之心無存。當與而不與，必且不當取而取，私買竊賊之贓，重取債家之息，凡喪心害理之事，皆將行之無

忌，而馴致不齒於人類。此鄙吝之弊，誠不可不戒也。顧知鄙吝之當戒矣，而矯枉過正，義取而悖與，寡得而多費，則且有喪產破家之禍。既不能自保其獨立之品味，而於忠孝慈善之德，雖欲不放棄而不能，成效無存，百行俱廢，此奢侈之弊，亦不必遜於鄙吝也。二者實皆慾望過度之所致，折二者之衷，而中庸之道出焉，謂之節儉。

節儉者，自奉有節之謂也，人之處世也，既有貴賤上下之別，則所以持其品味而全其本務者，固各有其度，不可以執一而律之，要在適如其地位境遇之所宜，而不逾其度耳。飲食不必多，足以果腹而已；興服不必善，足以備禮而已，紹述祖業，勤勉不怠，以其所得，撙節而用之，則家有餘財，而可以恤他人之不幸，為善如此，不亦樂乎？且節儉者必寡慾，寡慾則不為物役，然後可以養德性，而完人道矣。

家人皆節儉，則一家齊；國人皆節儉，則一國安。蓋人人以司節儉之故，而貲產豐裕，則各安其堵，敬其業，愛國之念，油然而生。否則奢侈之風瀰漫，人人濫費無節，將救貧之不暇，而遑恤國家。且國家以人民為分子，亦安有人民皆窮，而國家不疲茶者。自古國家，以人民之節儉興，而以其奢侈敗者，何可勝數！如羅馬之類是已。愛快樂，忌苦痛，人之情也；人之行事，半為其所驅迫，起居動作，衣服飲食，蓋鮮不由此者。凡人情可以徐練，而不可以驟禁。昔之宗教家，常有背快樂而就刻苦者，適足以戕賊心情，而非必有裨於道德。人苟善享快樂，適得其宜，亦烏可厚非者。其活潑精神，鼓舞志氣，乃足為勤勉之助。唯蕩者流而不返，遂至放棄百事，斯則不可不戒耳。

快樂之適度，言之非艱，而行之維艱，唯時時注意，勿使太甚，則庶幾無大過矣。古人有言：歡樂極兮哀情多。世間不快之事，莫甚於慾望之過度者。當此之時，不特無活潑精神、振作志氣之力，而且足以招

疲勞，增疏懶，甚且悖德非禮之行，由此而起焉。世之墮品行而冒刑辟者，每由於快樂之太過，可不慎歟！

人，感情之動物也，遇一事物，而有至劇之感動，則情為之移，不遑顧慮，至忍擲對己對人一切之本務，而務達其目的，是謂熱情。熱情既現，苟非息心靜氣，以求其是非利害所在，而有以節制之，則縱心以往，恆不免陷身於罪戾，此亦非熱情之罪，而不善用者之責也。利用熱情，而統制之以道理，則猶利用蒸氣，而承受以精巧之機關，其勢力之強大，莫能禦之。

熱情之種類多矣，而以忿怒為最烈。盛怒而欲洩，則死且不避，與病狂無異。是以忿怒者之行事，其貽害身家而悔恨不及者，常十之八九焉。

忿怒亦非惡德，受侮辱於人，而不敢與之校，是怯弱之行，而正義之士所恥也。當怒而怒，亦君子所有事。然而逞忿一朝，不顧親戚，不恕故舊，辜恩誼，背理性以釀暴亂之舉，而貽終身之禍者，世多有之。宜及少時養成忍耐之力，即或怒不可忍，亦必先平心而察之，如是則自無失當之忿怒，而詬詈鬥毆之舉，庶乎免矣。

忍耐者，交際之要道也。人心之不同如其面，苟於不合吾意者而輒怒之，則必至父子不親，夫婦反目，兄弟相鬩，而朋友亦有凶終隙末之失，非自取其咎乎？故對人之道，可以情恕者恕之，可以理遣者遣之。孔子曰：躬自厚而薄責於人。即所以養成忍耐之美德者也。

忿怒之次曰傲慢，曰嫉妒，亦不可不戒也。傲慢者，挾己之長，而務以凌人；嫉妒者，見己之短，而轉以尤人，此皆非實事求是之道也。夫盛德高才，誠於中則形於外。雖其人抑然不自滿，而接其威儀者，畏之象之，自不容已。若乃不循其本，而摹擬剽竊以自炫，則可以欺一

時，而不能持久，其凌蔑他人，適以自暴其鄙劣耳。至若他人之才識聞望，有過於我，我愛之重之，察我所不如者而企及之可也。不此之務，而重以嫉妒，於我何益？其愚可笑，其心尤可鄙也。

　　情慾之不可不制，大略如是。顧制之之道，當如何乎？情慾之盛也，往往非理義之力所能支，非利害之說所能破，而唯有以情制情之一策焉。

　　以情制情之道奈何？當忿怒之時，則品弄絲竹以和之；當憂鬱之時，則登臨山水以解之，於是心曠神怡，爽然若失，回憶忿怒憂鬱之態，且自覺其無謂焉。

　　情慾之熾也，如燎原之火，不可向邇，而移時則自衰，此其常態也。故自制之道，在養成忍耐之習慣。當情慾熾盛之時，忍耐力之強弱，常為人生禍福之所繫，所爭在頃刻間耳。昔有某氏者，性卞急，方盛怒時，恆將有非禮之言動，幾不能自持，則口占數名，自一至百，以抑制之，其用意至善，可以為法也。

第六節　勇敢

　　勇敢者，所以使人耐艱難者也。人生學業，無一可以輕易得之者。當艱難之境而不屈不沮，必達而後已，則勇敢之效也。

　　所謂勇敢者，非體力之謂也。如以體力，則牛馬且勝於人。人之勇敢，必其含智德之原質者，恆於其完本務彰真理之時見之。曾子曰：自反而縮，雖千萬人，吾往矣。是則勇敢之本義也。

　　求之歷史，自昔社會人文之進步，得力於勇敢者為多，蓋其事或為豪強所把持，或為流俗所習慣，非排萬難而力支之，則不能有為。故當其衝者，非不屈權勢之道德家，則必不徇嬖倖之愛國家，非不阿世論之

思想家，則必不溺私慾之事業家。其人率皆發強剛毅，不戁不悚。其所見為善為真者，雖遇何等艱難，絕不為之氣沮。不觀希臘哲人蘇格拉底乎？彼所持哲理，舉世非之而不顧，被異端左道之名而不惜，至仰毒以死而不改其操，至今偉之。又不觀義大利碩學百里諾及加里沙乎？百氏痛斥當代偽學，遂被焚死。其就戮也，從容顧法吏曰：公等今論餘以死，餘知公等之恐怖，蓋有甚於餘者。加氏始倡地動說，當時教會怒其戾教旨，下之獄，而加氏不為之屈。是皆學者所傳為美談者也。若而人者，非特學識過人，其殉於所信而百折不回。誠有足多者，雖其身窮死於縲紲之中，而聲名洋溢，傳之百世而不衰，豈與夫屈節回志，忽理義而徇流俗者，同日而語哉？

　　人之生也，有順境，即不能無逆境。逆境之中，跋前疐後，進退維谷，非以勇敢之氣持之，無由轉禍而為福，變險而為夷也。且勇敢亦非待逆境而始著，當平和無事之時，亦能表見而有餘。如一於職業，安於本分，不誘惑於外界之非違，皆是也。

　　人之染惡德而招禍害者，恆由於不果斷。知其當為也，而不敢為；知其不可不為也，而亦不敢為，誘於名利而喪其是非之心，皆不能果斷之咎也。至乃虛炫才學，矯飾德行，以欺世而凌人，則又由其無安於本分之勇，而入此歧途耳。

　　勇敢之最著者為獨立。獨立者，自盡其職而不倚賴於人是也。人之立於地也，恃己之足，其立於世也亦然。以己之心思慮之，以己之意志行之，以己之資力營養之，必如是而後為獨立，亦必如是而後得謂之人也。夫獨立，非離群索居之謂。人之生也，集而為家族，為社會，為國家，烏能不互相扶持，互相挹注，以共圖團體之幸福。而要其互動關係之中，自一人之方面言，各盡其對於團體之責任，不失其為獨立也。獨立亦非矯情立異之謂。不問其事之曲直利害，而一切拂人之性以為

快，是頑冥耳。與夫不問曲直利害，而一切徇人意以為之者奚擇焉。唯不存成見，而以其良知為衡，理義所在，雖芻蕘芻蕘本指割草打柴的人。之言，猶虛己而納之，否則雖王公之命令，賢哲之緒論，亦拒之而不憚，是之謂真獨立。

獨立之要有三：一曰自存；二曰自信；三曰自決。

生計者，萬事之基本也。人苟非獨立而生存，則其他皆無足道。自力不足，庇他人而餬口者，其卑屈固無足言；至若窺人鼻息，而以其一颦一笑為憂喜，信人之所信而不敢疑，好人之所好而不敢忤，是亦一贅物耳，是皆不能自存故也。

人於一事，既見其理之所以然而信之，雖則事變萬狀，苟其所以然之理如故，則吾之所信亦如故，是謂自信。在昔曠世大儒，所以發明真理者，固由其學識宏遠，要亦其自信之篤，不為權力所移，不為俗論所動，故歷久而其理大明耳。

凡人當判決事理之時，而俯仰隨人，不敢自主，此亦無獨立心之現象也。夫智見所不及，非不可諮詢於師友，唯臨事遲疑，隨人作計，則鄙劣之尤焉。

要之，無獨立心之人，恆不知自重。既不自重，則亦不知重人，此其所以損品味而傷德義者大矣。苟合全國之人而悉無獨立心，乃冀其國家之獨立而鞏固，得乎？

勇敢而協於義，謂之義勇。暴虎憑河，盜賊猶且能之，此血氣之勇，何足選也。無適無莫，義之與比，毀譽不足以淆之，死生不足以脅之，則義勇之謂也。

義勇之中，以貢於國家者為最大。人之處斯國也，其生命，其財產，其名譽，能不為人所侵毀。而仰事俯畜，各適其適者，無一非國家

之賜，且亦非僅吾一人之關係，實承之於祖先，而又將傳之於子孫，以至無窮者也。故國家之急難，視一人之急難，不啻倍蓰而已。於是時也，吾即舍吾之生命財產，及其一切以殉之，苟利國家，非所惜也，是國民之義務也。使其人學識雖高，名位雖崇，而國家有事之時，首鼠兩端，不敢有為，則大節既虧，萬事瓦裂，騰笑當時，遺羞後世，深可懼也。是以平日必持煉意志，養成見義勇為之習慣，則能盡國民之責任，而無負於國家矣。

然使義與非義，非其知識所能別，則雖有尚義之志，而所行輒與之相畔，是則學問不足，而知識未進也。故人不可以不修學。

第七節　修學

身體壯佼，儀容偉岸，可能為賢乎？未也。居室崇閎，被服錦繡，可以為美乎？未也。人而無知識，則不能有為，雖矜飾其表，而鄙陋齷齪之狀，寧可掩乎？

知識與道德，有至密之關係。道德之名尚矣，要其歸，則不外避惡而行善。苟無知識以辨善惡，則何以知惡之不當為，而善之當行乎？知善之當行而行之，知惡之不當為而不為，是之謂真道德。世之不忠不孝、無禮無義、縱情而亡身者，其人非必皆惡逆悖戾也，多由於知識不足，而不能辨別善惡故耳。

尋常道德，有尋常知識之人，即能行之。其高尚者，非知識高尚之人，不能行也。是以自昔立身行道，為百世師者，必在曠世超俗之人，如孔子是已。

知識者，人事之基本也。人事之種類至繁，而無一不有賴於知識。近世人文大開，風氣日新，無論何等事業，其有待於知識也益殷。是以

人無貴賤，未有可以不就學者。且知識所以高尚吾人之品格也，知識深遠，則言行自然溫雅而動人欽慕。蓋是非之理，既已瞭然，則其發於言行者，自無所凝滯，所謂誠於中形於外也。彼知識不足者，目能睹日月，而不能見理義之光；有物質界之感觸，而無精神界之欣合，有近憂而無遠慮。胸襟之隘如是，其言行又烏能免於卑陋歟？

知識之啟發也，必由修學。修學者，務博而精者也。自人文進化，而國家之貧富強弱，與其國民學問之深淺為比例。彼歐美諸國，所以日闢百里、虎視一世者，實由其國中碩學專家，以理學工學之知識，開殖產興業之端，鍥而不已，成此實效。是故文明國所恃以競爭者，非武力而智力也。方今海外各國，交際頻繁，智力之競爭，日益激烈。為國民者，烏可不勇猛精進，旁求知識，以造就為國家有用之材乎？

修學之道有二：曰耐久；曰愛時。

錦繡所以飾身也，學術所以飾心也。錦繡之美，有時而敝；學術之益，終身享之，後世誦之，其可貴也如此。凡物愈貴，則得之愈難，曾學術之貴，而可以淺涉得之乎？是故修學者，不可以不耐久。

凡少年修學者，其始鮮或不勤，未幾而惰氣乘之，有不暇自省其功候之如何，而咨嗟於學業之難成者。豈知古今碩學，大抵抱非常之才，而又能精進不已，始克抵於大成，況在尋常之人，能不勞而獲乎？而不能耐久者，乃欲以窮年莫殫之功，責效於旬日，見其未效，則中道而廢，如棄敝屣然。如是，則雖薄技微能，為庸眾所可跂者，亦且百涉而無一就，況於專門學藝，其理義之精深，範圍之博大，非專心致志，不厭不倦，必不能窺其涯矣，而乃鹵莽滅裂，欲一蹴而幾之，不亦妄乎？

莊生有言：吾生也有涯，而知也無涯，夫以有涯之生，修無涯之學，固常苦不及矣。自非惜分寸光陰，不使稍縻於無益，鮮有能達其志者。

故學者尤不可以不愛時。

少壯之時，於修學為宜，以其心氣尚虛，成見不存也。及是時而勉之，所積之智，或其終身應用而有餘。否則以有用之時間，養成放僻之習慣，雖中年悔悟，痛自策勵，其所得蓋亦僅矣。朱子有言曰：勿謂今日不學而有來日；勿謂今年不學而有來年，日月逝矣，歲不延誤，嗚呼老矣，是誰之愆？其言深切著明，凡少年不可不三復也。

時之不可不愛如此，是故人不特自愛其時，尤當為人愛時。嘗有詣友終日，遊談不經，荒其職業，是謂盜時之賊，學者所宜戒也。

修學者，固在入塾就師，而尤以讀書為有效。蓋良師不易得，借令得之，而親炙之時，自有際限，要不如書籍之惠我無窮也。

人文漸開，則書籍漸富，歷代學者之著述，汗牛充棟，固非一人之財力所能盡致，而亦非一人之日力所能遍讀，故不可不擇其有益於我者而讀之。讀無益之書，與不讀等，修學者宜致意焉。

凡修普通學者，宜以平日課程為本，而讀書以助之。苟課程所受，研究未完，而漫焉多讀雜書，雖則有所得，亦泛濫而無歸宿。且課程以外之事，亦有先後之序，此則修專門學者，尤當注意。苟不自量其知識之程度，取高遠之書而讀之，以不知為知，沿訛襲謬，有損而無益，即有一知半解，沾沾自喜，而亦終身無會通之望矣。夫書無高卑，苟了徹其義，則雖至卑近者，亦自有無窮之興味。否則徒震於高尚之名，而以不求甚解者讀之，何益？行遠自邇，登高自卑，讀書之道，亦猶是也。未見之書，詢於師友而抉擇之，則自無不合程度之慮矣。

修學者得良師，得佳書，不患無進步矣。而又有資於朋友，休沐之日，同志相會，凡師訓所未及者，書義之可疑者，各以所見，討論而闡發之，其互相為益者甚大。有志於學者，其務擇友哉。

學問之成立在信，而學問之進步則在疑。非善疑者，不能得真信也。讀古人之書，聞師友之言，必內按諸心，求其所以然之故。或不所得，則輾轉推求，必逮心知其意，毫無疑義而後已，是之謂真知識。若乃人云亦云，而無獨得之見解，則雖博聞多識，猶書篋耳，無所謂知識也。至若預存成見，凡他人之說，不求其所以然，而一切與之反對，則又懷疑之過，殆不知學問為何物者。蓋疑義者，學問之作用，非學問之目的也。

第八節　修德

　　人之所以異於禽獸者，以其有德性耳。當為而為之之謂德，為諸德之源；而使吾人以行德為樂者之謂德性。體力也，知能也，皆實行道德者之所資。然使不率之以德性，則猶有精兵而不以良將將之，於是剛強之體力，適以資橫暴；卓越之知能，或以助奸惡，豈不惜歟？

　　德性之基本，一言以蔽之曰：循良知。一舉一動，循良知所指，而不挾一毫私意於其間，則庶乎無大過，而可以為有德之人矣。今略舉德性之概要如下：

　　德性之中，最普及於行為者，曰信義。信義者，實事求是，而不以利害生死之關係枉其道也。社會百事，無不由信義而成立。苟芟棄信義之人，遍於國中，則一國之名教風紀，掃地盡矣。孔子曰：言忠信，行篤敬，雖蠻貊之邦行矣。言信義之可尚也。人苟以信義接人，毫無自私自利之見，而推赤心於腹中，雖暴戾之徒，不敢忤焉。否則不顧理義，務挾詐術以遇人，則雖溫厚篤實者，亦往往報我以無禮。西方之諺曰：正直者，上乘之機略。此之謂也。世嘗有牢籠人心之偽君子，率不過取售一時，及一旦敗露，則人亦不與之齒矣。

入信義之門,在不妄語而無爽約。少年癖嗜新奇,往往背事理真相,而構造虛偽之言,冀以聳人耳目。行之既久,則雖非戲謔談笑之時,而不知不覺,動參妄語,其言遂不能取信於他人。蓋其言真偽相半,是否之間,甚難判別,誠不如不信之為愈也。故妄語不可以不戒。

凡失信於發言之時者為妄語,而失信於發言以後為爽約。二者皆喪失信用之道也。有約而不踐,則與之約者,必致靡費時間,貽誤事機,而大受其累。故其事苟至再至三,則人將相戒不敢與共事矣。如是,則雖置身人世,而枯寂無聊,直與獨棲沙漠無異,非自苦之尤乎?顧世亦有本無爽約之心,而迫於意外之事,使之不得不如是者。如與友人有遊散之約,而猝遇父兄罹疾,此其輕重緩急之間,不言可喻,苟舍父兄之急,而局局於小信,則反為悖德,誠不能棄此而就彼。然後起之事,苟非促促無須臾暇者,亦當通訊於所約之友,而告以其故,斯則雖不踐言,未為罪也。又有既經要約,旋悟其事之非理,而不便遂行者,亦以解約為是。此其爽約之罪,乃原因於始事之不慎。故立約之初,必確見其事理之不謬,而自審材力之所能及,而後決定焉。中庸曰:言顧行,行顧言。此之謂也。

言為心聲,而人之處世,要不能稱心而談,無所顧忌。苟不問何地何時,與夫相對者之為何人,而輒以己意喋喋言之,則不免取厭於人。且或炫己之長,揭人之短,則於己既為失德,於人亦適以招怨。至乃訐人陰私,稱人舊惡,使聽者無地自容,則言出而禍隨者,比比見之。人亦何苦逞一時之快,而自取其咎乎?

交際之道,莫要於恭儉。恭儉者,不放肆,不僭濫之謂也。人間積不相能之故,恆起於一時之惡感,應對酬酢之間,往往有以傲慢之容色,輕薄之辭氣,而激成凶隙者。在施者未必有意以此侮人,而要其平

日不恭不儉之習慣，有以致之。欲矯其弊，必循恭儉，事尊長，交朋友，所不待言。而於始相見者，尤當注意。即其人過失昭著而不受盡言，亦不宜以意氣相臨，第和色以諭之，婉言以導之，赤心以感動之，如是而不從者鮮矣。不然，則倨傲偃蹇，君子以為不可與言，而小人以為鄙己，蓄怨積憤，鮮不藉端而開釁者，是不可以不慎也。

不觀事父母者乎，婉容愉色以奉朝夕，雖食不重肉，衣不重帛，父母樂之；或其色不愉，容不婉，雖錦衣玉食，未足以悅父母也。交際之道亦然，苟容貌辭令，不失恭儉之旨，則其他雖簡，而人不以為忤，否則即鋪張揚厲，亦無效耳。

名位愈高，則不恭不儉之態易萌，而及其開罪於人也，得禍亦尤烈。故恭儉者，即所以長保其聲名富貴之道也。

恭儉與卑屈異。卑屈之可鄙，與恭儉之可尚，適相反焉。蓋獨立自主之心，為人生所須臾不可離者。屈志枉道以迎合人，附合雷同，闇然媚世，是皆卑屈，非恭儉也。謙遜者，恭儉之一端，而要其人格之所繫，則未有可以受屈於人者。宜讓而讓，宜守而守，則恭儉者所有事也。

禮儀，所以表恭儉也。而恭儉則不僅在聲色笑貌之間，誠意積於中，而德輝發於外，不可以偽為也。且禮儀與國俗及時世為推移，其意雖同，而其跡或大異，是亦不可不知也。

恭儉之要，在能容人。人心不同，苟以異己而輒排之，則非合群之道矣。且人非聖人，誰能無過？過而不改，乃成罪惡。逆耳之言，尤當平心而察之，是亦恭儉之效也。

第九節　交友

　　人情喜群居而惡離索,故內則有家室,而外則有朋友。朋友者,所以為人損痛苦而益歡樂者也。雖至快之事,苟不得同志者共賞之,則其趣有限;當憂鬱無聊之際,得一良友慰其寂寞,而同其憂戚,則胸襟豁然,前後殆若兩人。至於遠遊羈旅之時,兄弟戚族,不遑我顧,則所需於朋友者尤切焉。

　　朋友者,能救吾之過失者也。凡人不能無偏見,而意氣用事,由往往不遑自返,斯時得直諒之友,忠告而善導之,則有憬然自悟其非者,其受益孰大焉。

　　朋友又能成人之善而濟其患。人之營業,鮮有能以獨力成之者,方今交通利便,學藝日新,通功易事之道愈密,欲興一業,尤不能不合眾志以成之。則所需於朋友之助力者,自因之而益廣。至於猝遇疾病,或值變故,所以慰藉而保護之者,自親戚家人而外,非朋友其誰望耶?

　　朋友之有益於我也如是。西哲以朋友為在外之我,洵至言哉。人而無友,則雖身在社會之中,而胸中之岑寂無聊,曾何異於獨居沙漠耶?

　　古人有言,不知其人,觀其所與。朋友之關係如此,則擇交不可以不慎也。凡朋友相識之始,或以鄉貫職業,互有關係;或以德行才器,素相欽慕,本不必同出一途。而所以訂交者,要不為一時得失之見,而以久要不渝為本旨。若乃任性濫交,不顧其後,無端而為膠漆,無端而為冰炭,則是以交誼為兒戲耳。若而人者,終其身不能得朋友之益矣。

　　既訂交矣,則不可以不守信義。信義者,朋友之第一本務也。苟無信義,則猜忌之見,無端而生,凶終隙末之事,率起於是。唯信義之交,則無自而離間之也。

　　朋友有過,宜以誠意從容而言之,即不見從,或且以非理加我,則

亦姑恕宥之,而徐俟其悔悟。世有歷數友人過失,不少假借,或因而憤爭者,是非所以全友誼也。而聽言之時,則雖受切直之言,或非人所能堪,而亦當溫容傾聽,審思其理之所在,蓋不問其言之得當與否,而其情要可感也。若乃自諱其過而忌直言,則又何異於諱疾而忌醫耶?

夫朋友有成美之益,既如前述,則相為友者,不可以不實行其義。有如農工實業,非集巨資合群策不能成立者,宜各盡其能力之所及,協而圖之。及其行也,互持契約,各守許可權,無相詐也,無相諉也,則彼此各享其利矣。非特實業也,學問亦然。方今文化大開,各科學術,無不理論精微,範圍博大,有非一人之精力所能周者。且分科至繁,而其間乃互有至密之關係。若專修一科,而不及其他,則孤陋而無藉,合各科而兼習焉,則又泛濫而無所歸宿,是以能集同志之友,分門治之,互相討論,各以其所長相補助,則學業始可抵於大成矣。

雖然,此皆共安樂之事也,可與共安樂,而不可與共患難,非朋友也。朋友之道,在扶困濟危,雖自擲其財產名譽而不顧。否則如柳子厚所言,平日相徵逐、相慕悅,誓不相背負;及一旦臨小利害若毛髮、輒去之若浼者。人生又何貴有朋友耶?

朋友如有悖逆之徵,則宜盡力諫阻,不可以交誼而曲徇之。又如職司所在,公而忘私,亦不得以朋友之請謁若關係,而有所假借。申友誼而屈公權,是國家之罪人也。朋友之交,私德也;國家之務,公德也。二者不能並存,則不能不屈私德以從公德。此則國民所當服膺者也。

第十節　從師

凡人之所以為人者,在德與才。而成德達才,必有其道。經驗,一也;讀書,二也;從師受業,三也。經驗為一切知識及德行之淵源,而

為之者，不可不先有辨別事理之能力。書籍記遠方及古昔之事蹟，及各家學說，大有裨於學行，而非粗諳各科大旨，及能甄別普通事理之是非者，亦讀之而茫然。是以從師受業，實為先務。師也者，授吾以經驗及讀書之方法，而養成其自由抉擇之能力者也。

人之幼也，保育於父母。及稍長，則苦於家庭教育之不完備，乃入學親師。故師也者，代父母而任教育者也。弟子之於師，敬之愛之，而從順之，感其恩勿諼，宜也。自師言之，天下至難之事，無過於教育。何則？童子未有甄別是非之能力，一言一動，無不賴其師之誘導，而養成其習慣，使其情緒思想，無不出於純正者，師之責也。他日其人之智慧如何，能造福於社會及國家否，為師者不能不任其責。是以其職至勞，其慮至周，學者而念此也，能不感其恩而圖所以報答之者乎？

弟子之事師也，以信從為先務。師之所授，無一不本於造就弟子之念，是以見弟子之信從而勤勉也，則喜，非自喜也，喜弟子之可以造就耳。蓋其教授之時，在師固不能自益其知識也。弟子念教育之事，非為師而為我，則自然篤信其師，而尤不敢不自勉矣。

弟子知識稍進，則不宜事事待命於師，而常務自修，自修則學問始有興趣，而不至畏難，較之專恃聽授者，進境尤速。唯疑之處，不可武斷，就師而質焉可也。

弟子之於師，其受益也如此，苟無師，則雖經驗百年，讀書萬卷，或未必果有成效。從師者，事半而功倍者也。師之功，必不可忘，而人乃以為區區脩脯已足償之，若購物於市然。然則人子受父母之恩，亦以服勞奉養為足償之耶？為弟子者，雖畢業以後，而敬愛其師，無異於受業之日，則庶乎其可矣。

第二章　家族

第一節　總論

　　凡修德者，不可以不實行本務。本務者，人與人相接之道也。是故子弟之本務曰孝弟、夫婦之本務曰和睦。為社會之一人，則以信義為本務；為國家之一民，則以愛國為本務。能恪守種種之本務，而無或畔焉，是為全德。修己之道，不能捨人與人相接之道而求之也。道德之效，在本諸社會國家之興隆，以增進各人之幸福。故吾之幸福，非吾一人所得而專，必與積人而成之家族，若社會，若國家，相待而成立，則吾人於所以處家族社會及國家之本務，安得不視為先務乎？

　　有人於此，其家族不合，其社會之秩序甚亂，其國家之權力甚衰，若而人者，獨可以得幸福乎？內無天倫之樂，外無自由之權，凡人生至要之事，若生命，若財產，若名譽，皆岌岌不能自保，若而人者，尚可以為幸福乎？於是而言幸福，非狂則奸，必非吾人所願為也。然則吾人欲先立家族社會國家之幸福，以成吾人之幸福，其道如何？無他，在人人各盡其所以處家族社會及國家之本務而已。是故接人之道，必非有妨於吾人之幸福，而適所以成之，則吾人修己之道，又安得外接人之本務而求之耶？

　　接人之本務有三別：一，所以處於家族者；二，所以處於社會者；三，所以處於國家者。是因其範圍之大小而別之。家族者，父子兄弟夫婦之倫，同處於一家之中者也。社會者，不必有宗族之系，而唯以休戚相關之人整合之者也。國家者，有一定之土地及其人民，而以獨立之主權統

中學修身教科書（上篇）

治之者也。吾人處於其間，在家則為父子，為兄弟，為夫婦，在社會則為公民，在國家則為國民，此數者，各有應盡之本務，並行而不悖，苟失其一，則其他亦受其影響，而不免有遺憾焉。

雖然，其事實雖同時並舉，而言之則不能無先後之別。請先言處家族之本務，而後及社會、國家。

家族者，社會、國家之基本也。無家族，則無社會，無國家。故家族者，道德之門徑也。於家族之道德，苟有缺陷，則於社會、國家之道德，亦必無純全之望，所謂求忠臣，必於孝子之門者此也。彼夫野蠻時代之社會，殆無所謂家族，即曰有之，亦復父子無親，長幼無序，夫婦無別。以如是家族，而欲其成立純全之社會及國家，必不可得。蔑倫背理，蓋近於禽獸矣。吾人則不然，必先有一純全之家族，父慈子孝，兄友弟悌，夫義婦和，一家之幸福，無或不足。由是而施之於社會，則為仁義，由是而施之於國家，則為忠愛。故家族之順戾，即社會之禍福，國家之盛衰，所由生焉。

家族者，國之小者也。家之所在，如國土然，其主人如國之有元首，其子女什從，猶國民焉，其家族之系統，則猶國之歷史也。若夫不愛其家，不盡其職，則又安望其能愛國而盡國民之本務耶？

凡人生之幸福，必生於勤勉，而吾人之所以鼓舞其勤勉者，率在對於吾人所眷愛之家族，而有增進其幸福之希望。彼夫非常之人，際非常之時，固有不顧身家以自獻於公義者，要不可以責之於人人。吾人苟能親密其家族之關係，而養成相友相助之觀念，則即所以間接而增社會、國家之幸福者矣。

凡家族所由成立者，有三倫焉，一曰親子；二曰夫婦；三曰兄弟姊妹。三者各有其本務，請循序而言之。

148

第二節　子女

　　凡人之所貴重者，莫身若焉。而無父母，則無身。然則人子於父母，當何如耶？

　　父母之愛其子也，根於天性，其感情之深厚，無足以尚之者。子之初娠也，其母為之不敢頓足，不敢高語，選其飲食，節其舉動，無時無地，不以有妨於胎兒之康健為慮。及其生也，非受無限之劬勞以保護之，不能全其生。而父母曾不以是為煩，飢則憂其食之不飽，飽則又慮其太過；寒則恐其涼，暑則懼其暍，不唯此也，雖嬰兒之一啼一笑，亦無不留意焉，而同其哀樂。及其稍長，能匍匐也，則望其能立；能立也，則又望其能行。及其六七歲而進學校也，則望其日有進境。時而罹疾，則呼醫求藥，日夕不遑，而不顧其身之因而衰弱。其子遠遊，或日暮而不歸，則倚門而望之，唯祝其身之無恙。及其子之畢業於普通教育，而能營獨立之事業也，則尤關切於其成敗，其業之隆，父母與喜；其業之衰，父母與憂焉，蓋終其身無不為子而劬勞者。嗚呼！父母之恩，世豈有足以比例之者哉！

　　世人於一飯之恩，且圖報焉，父母之恩如此，將何以報之乎？

　　事父母之道，一言以蔽之，則曰孝。親之愛子，雖禽獸猶或能之，而子之孝親，則獨見之於人類。故孝者，即人之所以為人者也。蓋歷久而後能長成者，唯人為最。其他動物，往往生不及一年，而能獨立自營，其沐恩也不久，故子之於親，其本務亦隨之而輕。人類則否，其受親之養護也最久，所以勞其親之身心者亦最大。然則對於其親之本務，亦因而重大焉，是自然之理也。

　　且夫孝者，所以致一家之幸福者也。一家猶一國焉，家有父母，如國有元首，元首統治一國，而人民不能從順，則其國必因而衰弱；父母

統治一家，而子女不盡孝養，則一家必因而乖戾。一家之中，親子兄弟，日相鬩而不已，則由如是之家族，而集合以為社會，為國家，又安望其協和而致治乎？

古人有言，孝者百行之本。孝道不盡，則其餘殆不足觀。蓋人道莫大於孝，亦莫先於孝。以之事長則順，以之交友則信。苟於凡事皆推孝親之心以行之，則道德即由是而完。《論語》曰：「其為人也孝弟，而好犯上者鮮矣。君子務本，本立而道生，孝弟也者，其為人之本與。」此之謂也。

然而吾人將何以行孝乎？孝道多端，而其要有四：曰順；曰愛；曰敬；曰報德。

順者，謹遵父母之訓誨及命令也。然非不能已而從之也，必有誠懇歡欣之意以將之。蓋人子之信其父母也至篤，則於其所訓也，曰：是必適於德義；於其所戒也，曰：是必出於慈愛，以為吾遵父母之命，其必可以增進吾身之幸福無疑也。曾何所謂勉強者。彼夫父母之於子也，即遇其子之不順，亦不能恝然置之，尚當多為指導之術，以盡父母之道，然則人子安可不以順為本務者。世有悲其親不慈者，率由於事親之不得其道，其咎蓋多在於子焉。

子之幼也，於順命之道，無可有異辭者，蓋其經驗既寡，知識不充，絕不能循己意以行事。當是時也，於父母之訓誨若命令，當悉去成見，而婉容愉色以聽之，毋或有抗言，毋或形不滿之色。及漸長，則自具辨識事理之能力，然於父母之言，亦必虛心而聽之。其父母閱歷既久，經驗較多，不必問其學識之如何，而其言之切於實際，自有非青年所能及者。苟非有利害之關係，則雖父母之言，不足以易吾意，而吾亦不可以抗爭。其或關係利害而不能不爭也，則亦當和氣怡色而善為之

辭，徐達其所以不敢苟同於父母之意見，則始能無忤於父母矣。

　　人子年漸長，智德漸備，處世之道，經驗漸多，則父母之干涉之也漸寬，是亦父母見其子之成長而能任事，則漸容其自由之意志也。然順之跡，不能無變通。而順之意，則為人子所須臾不可離者。凡事必時質父母之意見，而求所以達之。自恃其才，悍然違父母之志而不顧者，必非孝子也。至於其子遠離父母之側，而臨事無遑請命，抑或居官吏兵士之職，而不能以私情參預公義，斯則事勢之不得已者也。

　　人子順親之道如此，然亦有不可不變通者。今使親有亂命，則人子不唯不當妄從，且當圖所以諫阻之，知其不可為，以父母之命而勉從之者，非特自罹於罪，且因而陷親於不義，不孝之大者也。若乃父母不幸而有失德之舉，不密圖補救，而輒暴露之，則亦非人子之道。孔子曰：父為子隱，子為父隱。是其義也。

　　愛與敬，孝之經緯也。親子之情，發於天性，非外界輿論，及法律之所強。是故親之為其子，子之為其親，去私克己，勞而無怨，超乎利害得失之表，此其情之所以為最貴也。本是情而發見者，曰愛曰敬，非愛則馴至於乖離；非敬則漸流於狎愛。愛而不敬，禽獸猶或能之，敬而不愛，親疏之別何在？二者失其一，不可以為孝也。

　　能順能愛能敬，孝親之道畢乎？曰：未也。孝子之所最盡心者，圖所以報父母之德是也。

　　受人之恩，不敢忘焉，而必圖所以報之，是人類之美德也。而吾人一生最大之恩，實在父母。生之育之飲食之教誨之，不特吾人之生命及身體，受之於父母，即吾人所以得生存於世界之術業，其基本亦無不為父母所畀者，吾人烏能不日日銘感其恩，而圖所以報答之乎？人苟不容心於此，則雖謂其等於禽獸可也。

人之老也，餘生無幾，雖路人見之，猶起惻隱之心，況為子者，日見其父母老耄衰弱，而能無動於衷乎？昔也，父母之所以愛撫我者何其摯；今也，我之所以慰藉我父母者，又烏得而苟且乎？且父母者，隨其子之成長而日即於衰老者也。子女增一日之成長，則父母增一日之衰老，及其子女有獨立之業，而有孝養父母之能力，則父母之餘年，固已無已矣。猶不及時而盡其孝養之誠，忽忽數年，父母已棄我而長逝，我能無抱終天之恨哉？

吾人所以報父母之德者有二道，一曰養其體；二曰養其志。

養體者，所以圖父母之安樂也。盡我力所能及，為父母調其飲食，娛其耳目，安其寢處，其他尋常日用之所需，無或缺焉而後可。夫人子既及成年，而尚缺口體之奉於其父母，固已不免於不孝，若乃豐衣足食，自恣其奉，而不顧父母之養，則不孝之尤矣。

父母既老，則肢體不能如意，行止坐臥，勢不能不待助於他人，人子苟可以自任者，務不假手於婢僕而自任之，蓋同此扶持抑搔之事，而出於其子，則父母之心尤為快足也。父母有疾，苟非必不得已，則必親侍湯藥。回思幼稚之年，父母之所以鞠育我者，劬勞如何，即盡吾力以為孝養，亦安能報其深恩之十一歟？為人子者，不可以不知此也。

人子既能養父母之體矣，尤不可不養其志。父母之志，在安其心而無貽以憂。人子雖備極口體之養，苟其品性行為，常足以傷父母之心，則父母又何自而安樂乎？口體之養，雖不肖之子，苟有財力，尚能供之。至欲安父母之心而無貽以憂，則所謂一發言一舉足而不敢忘父母，非孝子不能也。養體，末也；養志，本也；為人子者，其務養志哉。

養志之道，──曰衛生。父母之愛子也，常祝其子之康強。苟其子孱弱而多疾，則父母重憂之。故衛生者，非獨自修之要，而亦孝親之一

端也。若乃冒無謂之險，逞一朝之忿，以危其身，亦非孝子之所為。有人於此，雖贈我以至薄之物，我亦必鄭重而用之，不辜負其美意也。我身者，父母之遺體，父母一生之劬勞，施於吾身者為多，然則保全之而攝衛之，寧非人子之本務乎？孔子曰：身體髮膚，受之父母，不敢毀傷，孝之始也。此之謂也。

雖然，徒保其身而已，尚未足以養父母之志。父母者，既欲其子之康強，又樂其子之榮譽者也。苟其子庸劣無狀，不能盡其對於國家、社會之本務，甚或陷於非僻，以貽羞於其父母，則父母方愧憤之不遑，又何以得其歡心耶？孔子曰：事親者，居上不驕，為下不亂，在醜不爭。居上而驕則亡；為下而亂則刑；在醜而爭則兵。不去此三者，雖日用三牲之養，猶不孝也。正謂此也。是故孝者，不限於家族之中，非於其外有立身行道之實，則不可以言孝。謀國不忠，涖官不敬，交友不信，皆不孝之一。至若國家有事，不顧其身而赴之，則雖殺其身而父母榮之，國之良民，即家之孝子。父母固以其子之榮譽為榮譽，而不願其苟生以取辱者也。此養志之所以重於養體也。

翼贊父母之行為，而共其憂樂，此亦養志者之所有事也。故不問其事物之為何，苟父母之所愛敬，則己亦愛敬之；父母之所嗜好，則己亦嗜好之。

凡此皆親在之時之孝行也。而孝之為道，雖親沒以後，亦與有事焉。父母沒，葬之以禮，祭之以禮；父母之遺言，沒身不忘，且善繼其志，善述其事，以無負父母。更進而內則盡力於家族之昌榮；外則盡力於社會、國家之業務，使當世稱為名士偉人，以顯揚其父母之名於不朽，必如是而孝道始完焉。

第三節　父母

　　子於父母，固有當盡之本務矣，而父母之對於其子也，則亦有其道在。人子雖未可以此責善於父母。而凡為人子者，大抵皆有為父母之時，不知其道，則亦有貽害於家族、社會、國家而不自覺其非者。精於言孝，而忽於言父母之道，此亦一偏之見也。

　　父母之道雖多端，而一言以蔽之曰慈。子孝而父母慈，則親子交盡其道矣。

　　慈者，非溺愛之謂，謂圖其子終身之幸福也。子之所嗜，不問其邪正是非而輒應之，使其逞一時之快，而或貽百年之患，則不慈莫大於是。故父母之於子，必考察夫得失利害之所在，不能任自然之愛情而徑行之。

　　養子教子，父母第一本務也。世豈有貴於人之生命者，生子而不能育之，或使陷於睏乏中，是父母之失其職也。善養其子，以至其成立而能營獨立之生計，則父母育子之職盡矣。

　　父母既有養子之責，則其子身體之康強與否，亦父母之責也。衛生之理，非稚子所能知。其始生也，蠢然一小動物耳，起居無力，言語不辯，且不知求助於人，使非有時時保護之者，殆無可以生存之理。而保護之責，不在他人，而在生是子之父母，固不待煩言也。

　　既能養子，則又不可以不教之。人之生也，智德未具，其所具者，可以吸受智德之能力耳。故幼稚之年，無所謂善，無所謂智，如草木之萌蘗然，可以循人意而矯揉之，必經教育而始成有定之品性。當其子之幼稚，而任教訓指導之責者，舍父母而誰？此家庭教育之所以為要也。

　　家庭者，人生最初之學校也。一生之品性，所謂百變不離其宗者，大抵胚胎於家庭之中。習慣固能成性，朋友亦能染人，然較之家庭，則

其感化之力遠不及者。社會、國家之事業，繁矣，而成此事業之人物，孰非起於家庭中呱呱之小兒乎？雖偉人傑士，震驚一世之意見及行為，其託始於家庭中幼年所受之思想者，蓋必不鮮。是以有為之士，非出於善良之家庭者，世不多有。善良之家庭，其社會、國家所以隆盛之本歟？

幼兒受於家庭之教訓，雖薄物細故，往往終其生而不忘。故幼兒之於長者，如枝幹之於根本然。一日之氣候，多定於崇朝，一生之事業，多決於嬰孩，甚矣。家庭教育之不可忽也。

家庭教育之道，先在善良其家庭。蓋幼兒初離襁褓，漸有知覺，如去暗室而見白日然。官體之所感觸，事事物物，無不新奇而可喜，其時經驗既乏，未能以自由之意志，擇其行為也。則一切取外物而摹仿之，自然之勢也。當是時也，使其家庭中事事物物，凡縈繞幼兒之旁者，不免有腐敗之跡，則此兒清潔之心地，遂納以終身不磨之瑕玷。不然，其家庭之中，悉為敬愛正直諸德之所充，則幼兒之心地，又何自而被玷乎？有家庭教育之責者，不可不先正其模範也。

為父母者，雖各有其特點之職分，而尚有普通之職分，行止坐臥，無可以須臾離者，家庭教育是也。或擇其業務，或定其居所，及其他言語飲食衣服器用，凡日用行常之間，無不考之於家庭教育之利害而擇之。昔孟母教子，三遷而後定居，此百世之師範也。父母又當乘時機而為訓誨之事，子有疑問，則必以真理答之，不可以荒誕無稽之言塞其責；其子既有辨別善惡是非之知識，則父母當監視而以時勸懲之，以堅其好善惡惡之性質。無失之過嚴，亦無過寬，約束與放任，適得其中而已。凡母多偏於慈，而父多偏於嚴。子之所以受教者偏，則其性質亦隨之而偏。故欲養成中正之品性者，必使受寬嚴得中之教育也。其子漸長，則父母當相其子之材器，為之慎擇職業，而時有以指導之。年少氣銳者，

每不遑熟慮以後之利害,而定目前之趨向,故於子女獨立之始,智慧方發,閱歷未深,實為危險之期,為父母者,不可不慎監其所行之得失,而以時勸戒之。

第四節　夫婦

　　國之本在家,家之本在夫婦。夫婦和,小之為一家之幸福,大之致一國之富強。古人所謂人倫之始,風化之原者,此也。

　　夫婦者,本非骨肉之親,而配合以後,苦樂與共,休戚相關,遂為終身不可離之伴侶。而人生幸福,實在於夫婦好合之間。然則夫愛其婦,婦順其夫,而互維其親密之情義者,分也。夫婦之道苦,則一家之道德失其本,所謂孝弟忠信者,亦無復可望,而一國之道德,亦由是而頹廢矣。

　　愛者,夫婦之第一義也。各舍其私利,而互致其情,互成其美,此則夫婦之所以為夫婦,而亦人生最貴之感情也。有此感情,則雖在困苦顛沛之中,而以同情者之互相慰藉,乃別生一種之快樂。否則感情既薄,厭忌嫉妒之念,乘隙而生,其名夫婦,而其實乃如路人,雖日處華膴之中,曾何有人生幸福之真趣耶?

　　夫婦之道,其關係如是其重也,則當夫婦配合之始,婚姻之禮,烏可以不慎乎!是為男女一生禍福之所繫,一與之齊,終身不改焉。其或不得已而離婚,則為人生之大不幸,而彼此精神界,遂留一終身不滅之創痍。人生可傷之事,孰大於是。

　　婚姻之始,必本諸純粹之愛情。以財產容色為準者,決無以持永久之幸福。蓋財產之聚散無常,而容色則與年俱衰。以是為準,其愛情可知矣。純粹之愛情,非境遇所能移也。

何謂純粹之愛情，曰生於品性。男子之擇婦也，必取其婉淑而貞正者；女子之擇夫也，必取其明達而篤實者。如是則必能相信相愛，而構成良善之家庭矣。

　　既成家族，則夫婦不可以不分業。男女之性質，本有差別：男子體力較強，而心性亦較為剛毅；女子則體力較弱，而心性亦毗於溫柔。故為夫者，當盡力以護其妻，無妨其衛生，無使過悴於執業，而其妻日用之所需，不可以不供給之。男子無養其妻之資力，則不宜結婚。既婚而困其妻於飢寒之中，則失為夫者之本務矣。女子之知識才能，大抵遜於男子，又以專司家務，而社會間之閱歷，亦較男子為淺。故妻子之於夫，苟非受不道之驅使，不可以不順從。而貞固不渝，憂樂與共，則皆為妻者之本務也。夫倡婦隨，為人倫自然之道德，夫為一家之主，而妻其輔佐也，主輔相得，而家政始理。為夫者，必勤業於外，以贍其家族；為妻者，務整理內事，以輔其夫之所不及，是各因其性質之所近而分任之者。男女平權之理，即在其中，世之持平權說者，乃欲使男女均立於同等之地位，而執同等之職權，則不可通者也。男女性質之差別，第觀於其身體結構之不同，已可概見：男子骨骼偉大，堪任力役，而女子則否；男子長於思想，而女子銳於知覺；男子多智力，而女子富感情；男子務進取，而女子喜保守。是以男子之本務，為保護，為進取，為勞動；而女子之本務，為輔佐，為謙讓，為巽順，是剛柔相濟之理也。

　　生子以後，則夫婦即父母，當盡教育之職，以綿其家族之世系，而為社會、國家造成有為之人物。子女雖多，不可有所偏愛且必預計其他日對於社會、國家之本務，而施以相應之教育。以子女為父母所自有，而任意虐遇之，或驕縱者，是社會、國家之罪人，而失父母之道者也。

第五節　兄弟姊妹

　　有夫婦而後有親子，有親子而後有兄弟姊妹。兄弟姊妹者，不唯骨肉關係，自有親睦之情，而自其幼時提挈於父母之左右。食則同案，學則並幾，遊則同方，互相扶翼，若左右手然，又足以養其親睦之習慣。故兄弟姊妹之愛情，自有非他人所能及者。

　　兄弟姊妹之愛情，亦如父母夫婦之愛情然，本乎天性，而非有利害得失之計較，雜於其中。是實人生之至寶，雖珠玉不足以易之，不可以忽視而放棄者也。是以我之兄弟姊妹，雖偶有不情之舉，我必當寬容之，而不遽加以責備，常有因彼我責善，而傷手足之感情者，是亦不可不慎也。

　　蓋父母者，自其子女視之，所能朝夕與共者，半生耳。而兄弟姊妹則不然，年齡之差，遠遜於親子，休戚之關，終身以之。故兄弟姊妹者，一生之間，當無時而不以父母膝下之情狀為標準者也。長成以後，雖漸離父母，而異其業，異其居，猶必時相過從，禍福相同，憂樂與共，如一家然。即所居懸隔，而歲時必互通音問，同胞之情，雖千里之河山，不能阻之。遠適異地，而時得見愛者之音書，實人生之至樂。回溯疇昔相依之狀、預計他日再見之期，友愛之情，有油然不能自已者矣。

　　兄姊之年，長於弟妹，則其智識經驗，自較勝於幼者，是以為弟妹者，當視其兄姊為兩親之次，遵其教訓指導而無敢違。雖在他人，幼之於長，必盡謙讓之禮，況於兄姊耶？為兄姊者，於其弟妹，亦當助父母提撕勸誡之責，毋得挾其年長，而以暴慢恣睢之行施之，浸假兄姊凌其弟妹，或弟妹慢其兄姊，是不啻背於倫理，而彼此交受其害，且因而傷父母之心，以破一家之平和，而釀社會、國家之隱患。家之於國，如細

胞之於有機體，家族不合，則一國之人心，必不能一致，人心離畔，則雖有億兆之眾，亦何以富強其國家乎？

昔西哲蘇格拉底，見有兄弟不睦者而誡之曰：「兄弟貴於財產。何則？財產無感覺，而兄弟有同情，財產賴吾人之保護，而兄弟則保護吾人者也。凡人獨居，則必思群，何獨疏於其兄弟乎？且兄弟非同其父母者耶？」不見彼禽獸同育於一區者，不尚互相親愛耶？而兄弟顧不互相親愛耶？其言深切著明，有兄弟者，可以鑑焉。

兄弟姊妹，日相接近，其相感之力甚大。人之交友也，習於善則善，習於惡則惡。兄弟姊妹之親善，雖至密之朋友，不能及焉，其習染之力何如耶？凡子弟不從父母之命，或以粗野侮慢之語對其長者，率由於兄弟姊妹間，素有不良之模範。故年長之兄姊，其一舉一動，悉為弟妹所屬目而摹仿，不可以不慎也。

兄弟之於姊妹，當任保護之責，蓋婦女之體質既纖弱，而精神亦毗於柔婉，勢不能不倚於男子。如昏夜不敢獨行；即受讒誣，亦不能如男子之慷慨爭辯，以申其權利之類是也。故姊妹未嫁者，助其父母而扶持保護之，此兄弟之本務也。而為姊妹者，亦當盡力以求有益於其兄弟。少壯之男子，尚氣好事，往往有凌人冒險，以小不忍而釀巨患者，諫止之力，以姊妹之言為最優。蓋女子之情醇篤，而其言尤為蘊藉，其所以殺壯年之客氣者，較男子之抗爭為有效也。兄弟姊妹能互相扶翼，如是，則可以同休戚而永續其深厚之愛情矣。

不幸而父母早逝，則為兄姊者，當立於父母之地位，而撫養其弟妹。當是時也，弟妹之親其兄姊，當如父母，蓋可知也。

第六節　族戚及主僕

　　家族之中，既由夫婦而有父子，由父子而有兄弟姊妹，於是由兄弟之所生，而推及於父若祖若曾祖之兄弟，及其所生之子若孫，是謂家族。且也，兄弟有婦，姊妹有夫，其母家婿家，及父母以上凡兄弟之婦之母家，姊妹之婿家，皆為姻戚焉。既為族戚，則溯其原本，同出一家，較之無骨肉之親，無葭莩之誼者，關係不同，交際之間，亦必視若家人，歲時不絕音問，吉凶相慶吊，窮乏相賑恤，此族戚之奉務也。天下滔滔，群以利害得失為聚散之媒，而獨於族戚間，尚互以真意相酬答，若一家焉，是亦人生之至樂也。

　　人之於鄰里，雖素未相識，而一見如故。何也？其關係密也。至於族戚，何獨不然。族戚者，非唯一代之關係，而實祖宗以來歷代之關係，即不幸而至流離顛沛之時，或朋友不及相救，故舊不及相顧，當此之時所能援手者，非族戚而誰？然則平日宜相愛相扶也明矣。

　　僕之於主，雖非有肺腑之親，然平日追隨既久，關係之密切，次於家人，是故忠實馴順者，僕役之務也；懇切慈愛者，主人之務也。

　　為僕役者，宜終始一心，以從主人之命，不顧主人之監視與否，而必盡其職，且不以勤苦而有怏怏之狀。同一事也，怡然而為之，則主人必尤為快意也。若乃挾詐慢之心以執事，甚或訐主人之陰事，以暴露於鄰保，是則不義之尤者矣。

　　夫人莫不有自由之身體，及自由之意志，不得已而被役於人，雖有所取償，然亦至可憫矣。是以為主人者，宜長存哀矜之心，使役有度，毋任意斥責，若犬馬然。至於僕役傭資，即其人沽售勞力之價值，至為重要，必如約而畀之。夫如是，主人善視其僕役，則僕役亦必知感而盡職矣。

僕役之良否，不特於一家之財政有關，且常與子女相馴。苟品性不良，則子女輒被其誘惑，往往有日陷於非僻而不覺者。故有僕役者，選擇不可不慎，而監督尤不可不周。

　　自昔有所謂義僕者，常於食力以外，別有一種高尚之感情，與其主家相關係焉。或終身不去，同於家人，或遇其窮厄，艱苦共嘗而怨，或以身殉主自以為榮。有是心也，推之國家，可以為忠良之國民，雖本於其天性之篤厚，然非其主人信愛有素，則亦不足以致之。

第三章　社會

第一節　總論

　　凡趨向相同利害與共之人,集而為群,苟其於國家無直接之關係,於法律無一定之限制者,皆謂之社會。是以社會之範圍,廣狹無定,小之或局於鄉里,大之則亙於世界,如所謂北京之社會,中國之社會,東洋之社會,與夫勞工社會,學者社會之屬,皆是義也。人生而有合群之性,雖其種族大別,國土不同者,皆得相依相扶,合而成一社會,此所以有人類社會之道德也。然人類恆因土地相近種族相近者,建為特別之團體,有統一制裁之權,謂之國家,所以彌各種社會之缺憾,而使之互保其福利者也。故社會之範圍,雖本無界限,而以受範於國家者為最多。蓋世界各國,各有其社會之特性,而不能相融,是以言實棧道德者,於人類社會,固有普通道德,而於各國社會,則又各有其特別之道德,是由於其風土人種習俗歷史之差別而生者,而本書所論,則皆適宜於中國社會之道德也。

　　人之組織社會,與其組織家庭同,而一家族之於社會,則亦猶一人之於家族也。人之性,厭孤立而喜群居,是以家族之結合,終身以之。而吾人喜群之性,尚不以家族為限。向使局處家庭之間,與家族以外之人,情不相通,事無與共,則此一家者,無異在窮山荒野之中,而其家亦烏能成立乎?

　　蓋人類之體魄及精神,其能力本不完具,非互相左右,則馴至不能生存。以體魄言之,吾人所以避風雨寒熱之苦,禦猛獸毒蟲之害,而晏

然保其生者,何一非社會之賜?以精神言之,則人苟不得已而處於孤立之境,感情思想,一切不能達之於人,則必有非常之苦痛,甚有因是而病狂者。蓋人之有待於社會,如是其大也。且如語言文字之屬,凡所以儲存吾人之情智而發達之者,亦必賴社會之組織而始存。然則一切事物之關係於社會,蓋可知矣。

夫人食社會之賜如此,則人之所以報效於社會者當如何乎?曰:廣公益,開世務,建立功業,不顧一己之利害,而圖社會之幸福,則可謂能盡其社會一員之本務者矣。蓋公而忘私之心,於道德最為高尚,而社會之進步,實由於是。故觀於一社會中志士仁人之多寡,而其社會進化之程度可知也。使人人持自利主義,而漠然於社會之利害,則其社會必日趨腐敗,而人民必日就零落,卒至人人同被其害而無救,可不懼乎?

社會之上,又有統一而制裁之者,是為國家。國家者,由獨立之主權,臨於一定之土地、人民,而制定法律以統治之者也。凡人既為社會之一員,而持社會之道德,則又為國家之一民,而當守國家之法律。蓋道德者,本以補法律之力之所不及;而法律者,亦以輔道德之功之所未至,二者相須為用。苟悖於法律,則即為國家之罪人,而絕不能援社會之道德以自護也。唯國家之本領,本不在社會,是以國家自法律範圍以外,絕不干涉社會之事業,而社會在不違法律之限,亦自有其道德之自由也。

人之在社會也,其本務雖不一而足,而約之以二綱,曰公義;曰公德。

公義者,不侵他人權利之謂也。我與人同居社會之中,人我之權利,非有逕庭,我既不欲有侵我之權利者,則我亦決勿侵人之權利。人與人互不相侵,而公義立矣。吾人之權利,莫重於生命財產名譽。生命

者一切權利之本位，一失而不可復，其非他人之所得而侵犯，所不待言。財產雖身外之物，然人之欲立功名享福利者，恆不能徒手而得，必有借於財產。苟其得之以義，則即為其人之所當保守，而非他人所能干涉者也。名譽者，無形之財產，由其人之積德累行而後得之，故對於他人之讒誣汙衊，亦有保護之權利。是三者一失其安全，則社會之秩序，既無自而維持。是以國家特設法律，為吾人保護此三大權利。而吾人亦必尊重他人之權利，而不敢或犯。固為謹守法律之義務，抑亦對於社會之道德，以維持其秩序者也。

雖然，人僅僅不侵他人權利，則徒有消極之道德，而未足以盡對於社會之本務也。對於社會之本務，又有積極之道德，博愛是也。

博愛者，人生最貴之道德也。人之所以能為人者以此。苟其知有一身而不知有公家，知有一家而不知有社會，熟視其同胞之疾苦顛連，而無動於中，不一為之援手，則與禽獸奚擇焉？世常有生而廢疾者，或有無辜而罹縲絏之辱者，其他鰥寡孤獨，失業無告之人，所在多有，且文化漸開，民智益進，社會之競爭日烈，則貧富之相去益遠，而世之素無憑藉、因而沉淪者，與日俱增，此亦理勢之所必然者也。而此等沉淪之人，既已日趨苦境，又不敢背戾道德法律之束縛，以侵他人之權利，苟非有賑濟之者，安得不束手就斃乎？夫既同為人類，同為社會之一員，不忍坐視其斃而不救，於是本博愛之心，而種種慈善之業起焉。

博愛可以盡公德乎？未也。賑窮濟困，所以彌缺陷，而非所以求進步；所以濟目前，而非所以圖久遠。夫吾人在社會中，絕不以目前之福利為已足也，且目前之福利，本非社會成立之始之所有，實吾輩之祖先，累代經營而馴致之，吾人既已沐浴祖先之遺德矣，顧不能使所承於祖先之社會，益臻完美，以遺諸子孫，不亦放棄吾人之本務乎？是故人

在社會，又當各循其地位，量其勢力，而圖公益，開世務，以益美善其社會。苟能以一人而造福於億兆，以一生而遺澤於百世，則沒世而功業不朽，雖古之聖賢，蔑以加矣。

夫人既不侵他人權利，又能見他人之窮困而救之，舉社會之公益而行之，則人生對於社會之本務，始可謂之完成矣。吾請舉孔子之言以為證，孔子曰：「己所不欲，勿施於人。」又曰：「己欲立而立人，己欲達而達人。」是二者，一則限制人，使不可為；一則勸導人，使為之。一為消極之道德；一為積極之道德。一為公義；一為公德。二者不可偏廢。我不欲人侵我之權利，則我亦慎勿侵人之權利，斯己所不欲，勿施於人之義也。我而窮也，常望人之救之，我知某事之有益於社會，即有益於我，而力或弗能舉也，則望人之舉之，則吾必盡吾力所能及，以救窮人而圖公益，斯即欲立而立人欲達而達人之義也。二者，皆道德上之本務，而前者又兼為法律上之本務。人而僅欲不為法律上之罪人，則前者足矣，如欲免於道德上之罪，又不可不躬行後者之言也。

第二節　生命

人之生命，為其一切權利義務之基本。無端而殺之，或傷之，是即舉其一切之權利義務而悉破壞之，罪莫大焉。是以殺人者死，古今中外之法律，無不著之。

人與人不可以相殺傷。設有橫暴之徒，加害於我者，我豈能坐受其害？勢必盡吾力以為抵制，雖亦用橫暴之術而殺之傷之，亦為正當之防衛。正當之防衛，不特不背於嚴禁殺傷之法律，而適所以保全之也。蓋彼之欲殺傷我也，正所以破壞法律，我苟束手聽命，以至自喪其生命，則不特我自放棄其權利，而且坐視法律之破壞於彼，而不盡吾力以相

救，亦我之罪也。是故以正當之防衛而至於殺傷人，文明國之法律，所不禁也。

以正當之防衛，而至於殺傷人，是出於不得已也。使我身既已保全矣，而或餘怒未已，或挾仇必報，因而殺傷之，是則在正當防衛之外，而我之殺傷為有罪。蓋一人之權利，即以其一人利害之關係為範圍，過此以往，則制裁之任在於國家矣。犯國家法律者，其所加害，雖或止一人，而實負罪於全社會。一人即社會之一分子，一分子之危害，必有關於全體之平和，猶之人身雖僅傷其一處，而即有害於全體之健康也。故刑罰之權，屬於國家，而非私人之所得與。苟有於正當防衛之外，而殺傷人者，國家亦必以罪罪之，此不獨一人之私怨也，即或借是以復父兄戚友之仇，亦為徇私情而忘公義，今世文明國之法律多禁之。

決鬥者，野蠻之遺風也，國家既有法律以斷邪正，判曲直，而我等乃以一己之私憤，決之於格鬥，是直彼此相殺而已，豈法律之所許乎？且決鬥者，非我殺人，即人殺我，使彼我均為放棄本務之人。而求其緣起，率在於區區之私情，且其一勝一敗，亦非曲直之所在，而視乎其技術之巧拙，此豈可與法律之裁制同日而語哉？

法律亦有殺人之事，大辟是也。大辟之可廢與否，學者所見，互有異同，今之議者，以為今世文化之程度，大辟之刑，殆未可以全廢。蓋刑法本非一定，在視文化之程度而漸改革之。故昔日所行之刑罰，有涉於殘酷者，誠不可以不改，而悉廢死刑之說，尚不能不有待也。

因一人之正當防衛而殺傷人，為國家法律所不禁，則以國家之正當防衛而至於殺傷人，亦必為國際公法之所許，蓋不待言，征戰之役是也。兵凶戰危，無古今中外，人人知之，而今之持社會主義者，言之尤為痛切，然坤輿，既尚有國界，各國以各圖其國民之利益，而不免與他

國相衝突，衝突既劇，不能取決於樽俎之間，而決之以干戈，則其國民之躬與兵役者，發槍揮刃，以殺傷敵人，非特道德法律，皆所不禁，而實出於國家之命令，且出公款以為之準備者也。唯敵人之不與戰役，或戰敗而降服者，則雖在兩國開戰之際，亦不得輒加以危害，此著之國際公法者也。

第三節　財產

夫生命之可重，既如上章所言矣。然人固不獨好生而已，必其生存之日，動作悉能自由，而非為他人之傀儡，則其生始為可樂，於是財產之權起焉。蓋財產者，人所辛苦經營所得之，於此無權，則一生勤力，皆為虛擲，而於己毫不相關，生亦何為？且人無財產權，則生計必有時不給，而生命亦終於不保。故財產之可重，次於生命，而盜竊之罪，次於殺傷，亦古今中外之所同也。

財產之可重如此，然而財產果何自而始乎？其理有二：曰先占；曰勞力。

有物於此，本無無屬，則我可以取而有之。何則？無主之物，我占之，而初非有妨於他人之權利也，是謂先占。

先占者，勞力之一端也。田於野，漁於水，或發見無人之地而占之，是皆屬於先占之權者，雖其事難易不同，而無一不需乎勞力。故先占之權，亦以勞力為基本，而勞力即為一切財產權所由生焉。

凡不待勞力而得者，雖其物為人生所必需，而不得謂之財產。如空氣彌綸大地，任人呼吸，用之而不竭，故不可以為財產。至於山禽野獸，本非有畜牧之者，故不屬於何人，然有人焉捕而獲之，則得據以為財產，以其為勞力之效也。其他若耕而得粟，製造而得器，其須勞力，

便不待言，而一切財產之權，皆循此例矣。

　　財產者，所以供吾人生活之資，而俾得盡力於公私之本務者也。而吾人之處置其財產，且由是而獲營利，皆得自由，是之謂財產權。財產權之確定與否，即國之文野所由分也。蓋此權不立，則橫斂暴奪之事，公行於社會，非特無以保秩序而進幸福，且足以阻人民勤勉之心，而社會終於墮落也。

　　財產權之規定，雖恃乎法律，而要非人人各守許可權，不妄侵他人之所有，則亦無自而確立，此所以又有道德之制裁也。

　　人既得占有財產之權，則又有權以蓄積之而遺贈之，此自然之理也。蓄積財產，不特為己計，且為子孫計，此亦人情敦厚之一端也。苟無蓄積，則非特無以應意外之需，所關於己身及子孫者甚大，且使人人如此，則社會之事業，將不得有力者以舉行之，而進步亦無望矣。遺贈之權，亦不過實行其占有之權。蓋人以己之財產遺贈他人，無論其在生前，在死後，要不外乎處置財產之自由，而家產世襲之制，其理亦同。蓋人苟不為子孫計，則其所經營積蓄者，及身而止，無事多求，而人顧畢生勤勉，豐取嗇用，若不知止足者，無非為子孫計耳。使其所蓄不得遺之子孫，則又誰樂為勤儉者？此即遺財產之權之所由起，而其他散濟戚友捐助社會之事，可以例推矣。

　　財產權之所由得，或以先占，或以勞力，或以他人之所遺贈，雖各不同，而要其權之不可侵則一也。是故我之財產，不願為他人所侵，則他人之財產，我亦不得而侵之，此即對於財產之本務也。

　　關於財產之本務有四，一曰，關於他人財產直接之本務；二曰，關於貸借之本務；三曰，關於寄託之本務；四曰，關於市易之本務。

　　盜竊之不義，雖三尺童子亦知之，而法律且屬禁之矣。然以道德衡

之，則非必有穿窬劫掠之跡，而後為盜竊也。以虛偽之術，誘取財物，其間或非法律所及問，而揆諸道德，其罪亦同於盜竊。又有貌為廉潔，而陰占厚利者，則較之盜竊之輩，迫於飢寒而為之者，其罪尤大矣。

人之所得，不必與其所需者，時時相應，於是有借貸之法，有無相通，洵人生之美事也。而有財之人，本無必應假貸之義務，故假貸於人而得其允諾，則不但有償還之責任，而亦當感謝其恩意。且財者，生利之具，以財貸人，則並其貸借期內可生之利而讓之，故不但有要求償還之權，而又可以要求適當之酬報。而貸財於人者，既憑藉所貸，而享若干之利益，則割其一部分以酬報於貸我者，亦當盡之本務也。唯利益之多寡，隨時會而有贏縮，故要求酬報者，不能無限。世多有乘人困迫，而脅之以過當之息者，此則道德界之罪人矣。至於朋友親戚，本有通財之義，有負債者，其於感激報酬，自不得不引為義務，而以財貸之者，要不宜計較錙銖，以流於利交之陋習也。

凡貸財於人者，於所約償還之期，必不可以不守。也或有僅以償還及報酬為負債者為本務，而不顧其期限者，此謬見也。例如學生假師友之書，期至不還，甚或轉假於他人，則馴致不足以取信，而有書者且以貸借於人相戒，豈非人己兩妨者耶？

受人之屬而為之保守財物者，其當慎重，視己之財物為尤甚，苟非得其人之預約，及默許，則不得擅用之。自天災時變非人力所能挽救外，苟有損害，皆保守者之責，必其所歸者，一如其所授，而後保守之責為無忝。至於保守者之所費，與其當得之酬報，則亦物主當盡之本務也。

人類之進化，由於分職通功，而分職通功之所以行，及基本於市易。故市易者，大有造於社會者也。然使為市易者，於貨物之精粗，價

值之低昂，或任意居奇，或乘機作偽，以為是本非法律所規定也，而以商賈之道德繩之，則其事已謬。且目前雖占小利而頓失其他日之信用，則所失正多。西諺曰：正直者，上乘之策略。洵至言也。

人於財產，有直接之關係，自非服膺道義恪守本務之人，鮮不為其所誘惑，而不知不覺，躬犯非義之舉。盜竊之罪，律有明文，而清議亦復綦嚴，犯者尚少。至於貸借寄託市易之屬，往往有違信背義，以占取一時之利者，斯則今之社會，不可不更求進步者也。夫財物之當與人者，宜不待其求而與之，而不可取者，雖見贈亦不得受，一則所以重人之財產，而不敢侵；一則所以守己之本務，而無所歉。人人如是，則社會之福利，寧有量歟？

第四節　名譽

人類者，不徒有肉體之嗜慾也，而又有精神之嗜慾。是故飽暖也，富貴也，皆人之所欲也，苟所得僅此而已，則人又有所不足，是何也？曰：無名譽。

豹死留皮，人死留名，言名譽之不朽也。人既有愛重名譽之心，則不但寶之於生前，而且欲傳之於死後，此即人所以異於禽獸。而名譽之可貴，乃舉人人生前所享之福利，而無足以尚之，是以古今忠孝節義之士，往往有殺身以成其名者，其價值之高為何如也。

夫社會之中，所以互重生命財產而不敢相侵者，何也？曰：此他人正當之權利也。而名譽之所由得，或以天才，或以積瘁，其得之之難，過於財產，而人之所愛護也，或過於生命。苟有人焉，無端而毀損之，其與盜人財物、害人生命何異？是以生命財產名譽三者，文明國之法律，皆嚴重保護之。唯名譽為無形者，法律之制裁，時或有所不及，而

愛重保護之本務,乃不得不偏重於道德焉。

　　名譽之敵有二:曰讒誣;曰誹謗。二者,皆道德界之大罪也。

　　讒誣者,虛造事蹟,以汙衊他人名譽之謂也。其可惡蓋甚於盜竊,被盜者,失其財物而已;被讒誣者,或並其終身之權利而胥失之。流言一作,雖毫無根據,而妒賢嫉才之徒,率喧傳之,舉世靡然,將使公平摯實之人,亦為其所惑,而不暇詳求,則其人遂為眾惡之的,而無以自立於世界。古今有為之才,被讒誣之害,以至名敗身死者,往往而有,可不畏乎?

　　誹謗者,乘他人言行之不檢,而輕加以惡評者也。其害雖不如讒誣之甚,而其違公義也同。吾人既同此社會,利害苦樂,靡不相關,成人之美而救其過,人人所當勉也。見人之短,不以懇摯之意相為規勸,而徒譏評之以為快,又或乘人不幸之時,而以幸災樂禍之態,歸咎於其人,此皆君子所不為也。且如警察官吏,本以抉發隱惡為職,而其權亦有界限,若乃不在其職,而務訐人隱私,以為談笑之資,其理何在?至於假託公益,而為誹謗,以逞其媢嫉之心者,其為悖戾,更不待言矣。

　　世之為讒誣誹謗者,不特施之於生者,而或且施之於死者,其情更為可惡。蓋生者尚有辨白昭雪之能力,而死者則並此而無之也。原讒誣誹謗之所由起,或以嫉妒,或以猜疑,或以輕率。夫羨人盛名,吾奮而思齊焉可也,不此之務,而忌之毀之,損人而不利己,非大愚不出此。至於人心之不同如其面,因人一言一行,而輒推之於其心術,而又往往以不肖之心測之,是徒自表其心地之齷齪耳。其或本無成見,而嫉惡太嚴,遇有不協於心之事,輒以惡評加之,不知人事蕃變,非備悉其始末,灼見其情偽,而平心以判之,鮮或得當,不察而率斷焉,因而過甚其詞,則動多謬誤,或由是而貽害於社會者,往往有之。且輕率之斷

定，又有由平日憎疾其人而起者。憎疾其人，而輒以惡意斷定其行事，則雖名為斷定，而實同於讒謗，其流毒尤甚。故吾人於論事之時，務周詳審慎，以無蹈輕率之弊，而於所憎之人，尤不可不慎之又慎也。

夫人必有是非之心，且坐視邪曲之事，默而不言，亦或為人情所難堪，唯是有意訐發，或為過情之毀？則於意何居。古人稱守口如瓶，其言雖未必當，而亦非無見。若乃奸宄之行，有害於社會，則又不能不盡力攻斥，以去社會之公敵，是亦吾人對於社會之本務，而不可與損人名譽之事，同年而語者也。

第五節　博愛及公益

博愛者，人生至高之道德，而與正義有正負之別者也。行正義者，能使人免於為惡；而導人以善，則非博愛者不能。

有人於此，不干國法，不悖公義，於人間生命財產名譽之本務，悉無所歉，可謂能行正義矣。然道有餓莩而不知恤，門有孤兒而不知救，遂得為善人乎？

博愛者，施而不望報，利物而不暇己謀者也。凡動物之中，能歷久而綿其種者，率恃有同類相恤之天性。人為萬物之靈，苟僅斤斤於施報之間，而不恤其類，不亦自喪其天性，而有愧於禽獸乎？

人之於人，不能無親疏之別，而博愛之道，亦即以是為序。不愛其親，安能愛人之親；不愛其國人，安能愛異國之人，如曰有之，非矯則悖，智者所不信也。孟子曰：「老吾老以及人之老，幼吾幼以及人之幼。」又曰：「親親而仁民，仁民而愛物。」此博愛之道也。

人人有博愛之心，則觀於其家，而父子親，兄弟睦，夫婦和；觀於其社會，無攘奪，無忿爭，貧富不相蔑，貴賤不相凌，老幼廢疾，皆

有所養,藹然有恩,秩然有序,熙熙皞皞,如登春臺,豈非人類之幸福乎!

博愛者,以己所欲,施之於人。是故見人之疾病則拯之,見人之危難則救之,見人之困窮則補助之。何則?人苟自立於疾病危難困窮之境,則未有不望人之拯救之而補助之者也。

亦子臨井,人未有見之而不動其惻隱之心者。人類相愛之天性,固如是也。見人之危難而不之救,必非人情。日汨於利己之計較,以養成涼薄之習,則或忍而為此耳。夫人苟不能挺身以赴人之急,則又安望其能殉社會、殉國家乎?華盛頓嘗投身奔湍,以救瀕死之孺子,其異日能犧牲其身,以為十三州之同胞,脫英國之軛,而建獨立之國者,要亦由有此心耳。夫處死生一髮之間,而能臨機立斷,固由其愛情之摯,而亦必有毅力以達之,此則有賴於平日涵養之功者也。

救人疾病,雖不必有挺身赴難之危險,而於傳染之病,為之看護,則直與殉之以身無異,非有至高之道德心者,不能為之。苟其人之地位,與國家社會有重大之關係,又或有侍奉父母之責,而輕以身試,亦為非宜,此則所當衡其輕重者也。

濟人以財,不必較其數之多寡,而其情至為可嘉,受之者尤不可不感佩之。蓋損己所餘以周人之不足,是誠能推己及人,而發於其友愛族類之本心者也。慈善之所以可貴,即在於此。若乃本無博愛之心,而徒仿一二慈善之跡,以博虛名,則所施雖多,而其價值,乃不如少許之出於至誠者。且其偽善沽名,適以害德,而受施之人,亦安能歷久不忘耶?

博愛者之慈善,唯慮其力之不周,而人之感我與否,初非所計。即使人不感我,其是非固屬於其人,而於我之行善,曾何傷焉?若乃怒人

之忘德,而遽徹其慈善,是吾之慈善,專為市恩而設,豈博愛者之所為乎?唯受人之恩而忘之者,其為不德,尤易見耳。

博愛者,非徒曰吾行慈善而已。其所以行之者,亦不可以無法。蓋愛人以德,當為圖永久之福利,而非使逞快一時,若不審其相需之故,而漫焉施之,受者或隨得隨費,不知節制,則吾之所施,於人奚益?也固有習於荒怠之人,不務自立,而以仰給於人為得計,吾苟墮其術中,則適以助長其依賴心,而使永無自振之一日。愛之而適以害之,是不可不致意焉。

夫如是,則博愛之為美德,誠彰彰矣。然非擴而充之,以開世務,興公益,則吾人對於社會之本務,猶不能無遺憾。何則?吾人處於社會,則與社會中之人人,皆有關係,而社會中人人與公益之關係,雖不必如疾病患難者待救之孔亟,而要其為相需則一也,吾但見疾病患難之待救,而不顧人人所需之公益,毋乃持其偏而忘其全,得其小而遺其大者乎?

夫人才力不同,職務尤異,合全社會之人,而求其立同一之功業,勢必不能。然而隨分應器,各圖公益,則何不可有之。農工商賈,任利用厚生之務;學士大夫,存移風易俗之心,苟其有裨於社會,則其事雖殊,其效一也。人生有涯,局局身家之間,而於世無補,暨其沒也,貧富智愚,同歸於盡。唯夫建立功業,有裨於社會,則身沒而功業不與之俱盡。始不為虛生人世,而一生所受於社會之福利,亦庶幾無忝矣。所謂公益者,非必以目前之功利為準也。如文學美術,其成效常若無跡象之可尋,然所以拓國民之智識,而高尚其品性者,必由於是。是以天才英絕之士,宜超然功利以外,而一以發揚國華為志,不蹈前人陳跡,不拾外人糟粕,抒其性靈,以摩盪社會,如明星之粲於長夜、美花之映於座隅,則無形之中,社會實受其賜。有如一國富強,甲於天下,而其文

藝學術，一無可以表見，則千載而後，誰復知其名者？而古昔既墟之國，以文學美術之力，垂名百世，迄今不朽者，往往而有，此豈可忽視者歟？

不唯此也，即社會至顯之事，亦不宜安近功而忘遠慮，常宜規模遠大，以遺餉後人，否則社會之進步，不可得而期也。是故有為之士，所規劃者，其事固或非一手一足之烈，而其利亦能歷久而不渝，此則人生最大之博愛也。

量力捐財，以助公益，此人之所能為，而後世子孫，與享其利，較之飲食徵逐之費，一晌而盡者，其價值何如乎？例如修河渠，繕堤防，築港埠，開道路，拓荒蕪，設醫院，建學校皆是。而其中以建學校為最有益於社會之文明。又如私設圖書館，縱人觀覽，其效亦同。其他若設育嬰堂、養老院等，亦為博愛事業之高尚者，社會文明之程度，即於此等公益之盛衰而測之矣。

圖公益者，又有極宜注意之事，即慎勿以公益之名，興無用之事是也。好事之流，往往為美名所眩，不審其利害何若，倉卒舉事，動輒蹉跌，則又去而之他。若是者，不特自損，且足為利己者所藉口，而以沮喪向善者之心，此不可不慎之於始者也。

又有借公益以沽名者，則其跡雖有時與實行公益者無異，而其心迥別，或且不免有倒行逆施之事。何則？其目的在名。則苟可以得名也，而他非所計，雖其事似益而實損，猶將為之。實行公益者則不然，其目的在公益。苟其有益於社會也，雖或受無識者之謗議，而亦不為之阻。此則兩者心術之不同，而其成績亦大相懸殊矣。

人既知公益之當興，則社會公共之事物，不可不鄭重而愛護之。凡人於公共之物，關係較疏，則有漫不經意者，損傷破毀，視為常事，此

亦公德淺薄之一端也。夫人既知他人之財物不可以侵，而不悟社會公共之物，更為貴重者，何歟？且人既知毀人之物，無論大小，皆有賠償之責，今公然毀損社會公共之物，而不任其賠償者，何歟？如學堂諸生，每有抹壁唾地之事，而公共花卉，道路蔭木，經行者或無端而攀折之，至於青年子弟，詣神廟佛寺，又或倒燈覆甕，自以為快，此皆無賴之事，而有悖於公德者也。歐美各國，人人崇重公共事物，習以為俗，損傷破毀之事，殆不可見，公園椅榻之屬，間以公共愛護之言，書於其背，此誠一種之美風，而中國人所當奉為圭臬者也。國民公德之程度，視其對於公共事物如何，一木一石之微，於社會利害，雖若無大關係，而足以表見國民公德之淺深，則其關係，亦不可謂小矣。

第六節　禮讓及威儀

凡事皆有公理，而社會行習之間，必不能事事以公理繩之。苟一切繩之以理，而寸步不以讓人，則不勝衝突之弊，而人人無幸福之可言矣。且人常不免為感情所左右，自非豁達大度之人，於他人之言行，不慊吾意，則輒引似是而非之理以糾彈之，衝突之弊，多起於此。於是乎有禮讓以為之調合，而彼此之感情，始不至於衝突焉。

人之有禮讓，其猶車轄之脂乎，能使人交際圓滑，在溫情和氣之間，以完其交際之本意。欲保維社會之平和，而增進其幸福，殆不可一日無者也。

禮者，因人之親疏等差，而以保其秩序者也。其要在不傷彼我之感情，而互表其相愛相敬之誠，或有以是為虛文者，謬也。

禮之本始，由人人有互相愛敬之誠，而自發於容貌。蓋人情本不相遠，而其生活之狀態，大略相同，則其感情之發乎外而為拜揖送迎之儀

節，亦自不得不同，因襲既久，成為慣例，此自然之理也。故一國之禮，本於先民千百年之習慣，不宜輒以私意刪改之。蓋崇重一國之習慣，即所以崇重一國之秩序也。

夫禮，既本乎感情而發為儀節，則其儀節，必為感情之所發見，而後謂之禮。否則意所不屬，而徒拘牽於形式之間，是芻狗耳。儀節愈繁，而心情愈鄙，自非徇浮華好諂諛之人，又孰能受而不斥者。故禮以愛敬為本。

愛敬之情，人類所同也，而其儀節，則隨其社會中生活之狀態，而不能無異同。近時國際公私之交，大擴於古昔，交際之儀節，有不可以拘墟者，故中流以上之人，於外國交際之禮，亦不可不致意焉。

讓之為用，與禮略同。使人互不相讓，則日常言論，即生意見，親舊交際，動輒齟齬。故敬愛他人者，不務立異，不炫所長，務以成人之美。蓋自異自炫，何益於己，徒足以取厭啟爭耳。虛心平氣，好察邇言，取其善而不翹其過，此則謙讓之美德，而交際之要道也。

排斥他人之思想與信仰，亦不讓之一也。精神界之科學，尚非人智所能獨斷。人我所見不同，未必我果是而人果非，此文明國憲法，所以有思想自由、信仰自由之則也。苟當討論學術之時，是非之間，不能異立，又或於履行實事之際，利害之點，所見相反，則誠不能不各以所見，互相駁詰，必得其是非之所在而後已。然亦宜平心以求學理事理之關係，而不得參以好勝立異之私意。至於日常交際，則他人言說雖與己意不合，何所容其攻詰，如其為之，亦徒彼此忿爭，各無所得已耳。溫良謙恭，薄責於人，此不可不注意者。至於宗教之信仰，自其人觀之，一則為生活之標準，一則為道德之理想，吾人絕不可以輕侮嘲弄之態，侵犯其自由也。由是觀之，禮讓者，皆所以持交際之秩序，而免其齟齬

者也。然人固非特各人之交際而已，於社會全體，亦不可無儀節以相應，則所謂威儀也。

威儀者，對於社會之禮讓也。人嘗有於親故之間，不失禮讓，而對於社會，不免有粗野傲慢之失者，是亦不思故耳。同處一社會中，則其人雖有親疏之別，而要必互有關係，苟人人自親故以外，即復任意自肆，不顧取厭，則社會之愛力，為之減殺矣。有如垢衣被髮，呼號道路，其人雖若自由，而使觀之者不勝其厭忌，可謂之不得罪於社會乎？凡社會事物，各有其習慣之典例，雖違者無禁，犯者無罰，而使見而不快，聞而不慊，則其為損於人生之幸福者為何如耶！古人有言，滿堂飲酒，有一人向隅而泣，則舉座為之不歡，言感情之相應也。乃或於置酒高會之時，白眼加人，夜郎自大，甚或罵座擲杯，凌侮儕輩，則豈非蠻野之遺風，而不知禮讓為何物歟。歐美諸國士夫，於宴會中，不談政治，不說宗教，以其易啟爭端，妨人歡笑，此亦美風也。

凡人見邀赴會，必預審其性質如何，而務不失其相應之儀表。如會葬之際，談笑自如，是為幸人之災，無禮已甚，凡類此者，皆不可不致意也。

第四章　國家

第一節　總論

　　國也者，非徒有土地有人民之謂，謂以獨立全能之主權，而統治其居於同一土地之人民者也。又謂之國家者，則以視一國如一家之故。是故國家者，吾人感覺中有形之名，而國家者，吾人理想中無形之名也。

　　國為一家之大者，國人猶家人也。於多數國人之中而有代表主權之元首，猶於若干家人之中而有代表其主權之家主也。家主有統治之權，以保護家人權利，而使之各盡其本務。國家亦然，元首率百官以統治人民，亦所以保護國民之權利，而使各盡其本務，以報效於國家也。使一家之人，不奉其家主之命，而棄其本務，則一家離散，而家族均被其禍。一國之民，各顧其私，而不知奉公，則一國擾亂，而人民亦不能安其堵焉。

　　凡有權利，則必有與之相當之義務。而有義務，則亦必有與之相當之權利，二者相因，不可偏廢。我有行一事保一物之權利，則彼即有不得妨我一事奪我一物之義務，此國家與私人之所同也。是故國家既有保護人之義務，則必有可以行其義務之權利；而人民既有享受國家保護之權利，則其對於國家，必有當盡之義務，蓋可知也。

　　人之權利，本無等差，以其大綱言之，如生活之權利，職業之權利，財產之權利，思想之權利，非人人所同有乎！我有此權利，而人或侵之，則我得而抵抗之，若不得已，則借國家之權力以防遏之，是謂人人所有之權利，而國家所宜引為義務者也。國家對於此事之權利，謂之公權，即國家所以成立之本。請詳言之。

權漫無制限,則流弊甚大。如二人意見不合,不必相妨也,而或且以權利被侵為口實。由此例推,則使人人得濫用其自衛權,而不受公權之限制,則無謂之爭鬨,將日增一日矣。

於是乎有國家之公權,以代各人之自衛權,而人人不必自危,亦不得自肆,公平正直,各得其所焉。夫國家既有為人防衛之權利,則即有防衛眾人之義務,義務愈大,則權利亦愈大。故曰:國家之所以成立者,權力也。

國家既以權力而成立,則欲安全其國家者,不可不鞏固其國家之權力,而慎勿毀損之,此即人民對於國家之本務也。

第二節　法律

吾人對於國家之本務,以遵法律為第一義。何則?法律者,維持國家之大綱,吾人必由此而始能保有其權利者也。人之意志,恆不免為感情所動,為私慾所誘,以致有損人利己之舉動。所以矯其偏私而納諸中正,使人人得保其平等之權利者,法律也;無論公私之際,有以防強暴折奸邪,使不得不服從正義者,法律也;維持一國之獨立,保全一國之利福者,亦法律也。是故國而無法律,或有之而國民不遵也,則盜賊橫行,奸邪跋扈,國家之淪亡,可立而待。否則法律修明,國民恪遵而勿失,則社會之秩序,由之而不紊,人民之事業,由之而無擾,人人得盡其心力,以從事於職業,而安享其效果,是皆法律之賜;而要非國民恪遵法律,不足以致此也。顧世人知法律之當遵矣,而又謂法律不皆允當,不妨以意為從違,是徒啟不遵法律之端者也。夫一國之法律,本不能悉中情理,或由議法之人,知識淺隘,或以政黨之故,意見偏頗,亦有立法之初,適合社會情勢,歷久則社會之情勢漸變,而法律如故,因

不能無方鑿圓枘之弊，此皆國家所不能免者也。既有此弊法，則政府固當速圖改革，而人民亦得以其所見要求政府，使必改革而後已。唯其新法未定之期，則不能不暫據舊法，以維持目前之治安。何則？其法雖弊，尚勝於無法也，若無端抈而去之，則其弊可勝言乎？

法律之別頗多，而大別之為三，政法、刑法、民法是也。政法者，所以規定政府之體裁，及政府與人民之關係者也。刑法者，所以預防政府及人民權利之障害，及罰其違犯者也。民法者，所以規定人民與人民之關係，防將來之爭端，而又判臨時之曲直者也。

官吏者，據法治事之人。國民既遵法律，則務勿撓執法者之權而且敬之。非敬其人，敬執法之權也。且法律者，國家之法律，官吏執法，有代表國家之任，吾人又以愛重國家之故而敬官吏也。官吏非有學術才能者不能任。學士能人，人知敬之，而官吏獨不足敬乎？

官吏之長，是為元首。立憲之國，或戴君主，或舉總統，而要其為官吏之長一也，既知官吏之當敬，而國民之當敬元首，無待煩言，此亦尊重法律之意也。

第三節　租稅

家無財產，則不能保護其子女，唯國亦然。苟無財產，亦不能保護其人民。蓋國家內備奸宄，外禦敵國，不能不有水陸軍，及其應用之艦壘器械及糧餉；國家執行法律，不能不有法院監獄；國家圖全國人民之幸福，不能不修道路，開溝渠，設燈臺，啟公囿，立學堂，建醫院，及經營一切公益之事。凡此諸事，無不有任事之人。而任事者不能不給以祿俸。然則國家應出之經費，其浩大可想也。享有國家各種利益之人民，此人民所以有納租稅之義務也。

人民之當納租稅，人人知之，而間有苟求倖免者，營業則匿其歲入，不以實報，運貨則繞越關津，希圖漏稅，其他舞弊營私，大率類此。是上則虧損國家，而自荒其義務；下則卸其責任之一部，以分擔於他人。故以國民之本務繩之，謂之無愛國心，而以私人之道德繩之，亦不免於欺罔之罪矣。

第四節　兵役

國家者，非一人之國家，全國人民所集合而成者也。國家有慶，全國之人共享之，則國家有急，全國之人亦必與救之。國家之有兵役，所以備不虞之急者也。是以國民之當服兵役，與納租稅同，非迫於法律不得已而為之，實國民之義務，不能自已者也。

國之有兵，猶家之有閽人焉。其有城堡戰堡也，猶家之有門牆焉。家無門牆，無閽人，則盜賊接踵，家人不得高枕無憂。國而無城堡戰艦，無守兵，則外侮四逼，國民亦何以聊生耶？且方今之世，交通利便，吾國之人，工商於海外者，實繁有徒，自非祖國海軍，遊弋重洋，則夫遠遊數萬里外，與五方雜處之民，角什一之利者，亦安能不受凌侮哉？國家之兵力，所關於互市之利者，亦非鮮矣。

國家兵力之關係如此，亦夫人而知之矣。然人情畏勞而惡死，一旦別父母，棄妻子，舍其本業而從事於壘艦之中，平日起居服食，一為軍紀所束縛，而不得自由，即有事變，則挺身彈刃之中，爭死生於一瞬，故往往有卻顧而不前者。不知全國之人，苟人人以服兵役為畏途，則轉瞬國亡家破，求幸生而卒不可得。如人人委身於兵役，則不必果以戰死，而國家強盛，人民全被其賜，此不待智者而可決，而人民又烏得不以服兵役為義務歟？

方今世界，各國無不以擴張軍備為第一義，雖有萬國公法以為列國交際之準，又屢開萬國平和會於海牙，若各以啟釁為戒者，而實則包藏禍心，恆思蹈瑕抵隙，以求一逞，名為平和，而實則亂世，一旦猝遇事變，如颶風忽作，波濤洶湧，其勢有不可測者。然則有國家者，安得不預為之所耶？

第五節　教育

為父母者，以體育、德育、智育種種之法，教育其子女，有二因焉：一則使之壯而自立，無墜其先業；一則使之賢而有才，效用於國家。前者為尋常父母之本務，後者則對於國家之本務也。誠使教子女者，能使其體魄足以堪勞苦，勤職業，其知識足以判事理，其技能足以資生活，其德行足以為國家之良民，則非特善為其子女，而且對於國家，亦無歉於義務矣。夫人類循自然之理法，相集合而為社會，為國家，自非智德齊等，殆不足以相生相養，而保其生命，享其福利。然則有子女者，烏得怠其本務歟？

一國之中，人民之賢愚勤惰，與其國運有至大之關係。故欲保持其國運者，不可不以國民教育，施於其子弟，苟或以姑息為愛，養成放縱之習；即不然，而僅以利己主義教育之，則皆不免貽國家以泮渙之戚，而全國之人，亦受其弊，其子弟亦烏能倖免乎？蓋各國風俗習慣歷史政制，各不相同，則教育之法，不得不異。所謂國民教育者，原本祖國體制，又審察國民固有之性質，而參互以制定之。其制定之權，即在國家，所以免教育主義之衝突，而造就全國人民，使皆有國民之資格者也。是以專門之教育，雖不妨人人各從其所好，而普通教育，則不可不以國民教育為準，有子女者慎之。

第六節　愛國

　　愛國心者，起於人民與國土之感情，猶家人之愛其居室田產也。開國之民，逐水草而徙，無定居之地，則無所謂愛國。及其土著也，畫封疆，闢草萊，耕耘建築，盡瘁於斯，而後有愛戀土地之心，是謂愛國之濫觴。至於土地漸廓，有城郭焉，有都邑焉，有政府而執事焉。自其法律典例之成立，風俗習慣之沿革，與夫語言文章之應用，皆畫然自成為一國，而又與他國相交涉，於是乎愛國之心，始為人民之義務矣。

　　人民愛國心之消長，為國運之消長所關。有國於此，其所以組織國家之具，雖莫不備，而國民之愛國心，獨無以副之，則一國之元氣，不可得而振興也。彼其國土同，民族同，言語同，習慣同，風俗同，非不足以使人民有休戚相關之感情，而且政府同，法律同，文獻傳說同，亦非不足以使人民有協同從事之興會，然苟非有愛國心以為之中堅，則其民可與共安樂，而不可與共患難。事變猝起，不能保其之死而靡他也。故愛國之心，實為一國之命脈，有之，則一切國家之原質，皆可以陶冶於其爐錘之中；無之，則其餘皆駢枝也。

　　愛國之心，雖人人所固有，而因其性質之不同，不能無強弱多寡之差，既已視為義務，則人人以此自勉，而後能以其愛情實現於行事，且亦能一致其趣向，而無所參差也。

　　人民之愛國心，恆隨國運為盛衰。大抵一國當將盛之時，若垂亡之時，或際會大事之時，則國民之愛國心，恆較為發達。國之將興也，人人自奮，思以其國力冠絕世界，其勇往之氣，如日方升。昔羅馬暴盛之時，名將輩出，士卒致死，因而併吞四鄰，其己事也。國之將衰也，或其際會大事也，人人懼祖國之淪亡，激勵忠義，挺身赴難，以挽狂瀾於既倒，其悲壯沉痛亦有足偉者，如亞爾那溫克特里之於瑞士，哥修士孤

之於波蘭是也。

由是觀之，愛國心者，本起於人民與國土相關之感情，而又為組織國家最要之原質，足以挽將衰之國運，而使之隆盛，實國民最大之義務，而不可不三致意者焉。

第七節　國際及人類

大地之上，獨立之國，凡數十。彼我之間，聘問往來，亦自有當盡之本務。此雖外交當局者之任，而為國民者，亦不可不通知其大體也。

以道德言之，一國猶一人也，唯大小不同耳。國有主權，猶人之有心性。其有法律，猶人之有意志也。其維安寧，求福利，保有財產名譽，亦猶人權之不可侵焉。

國家既有不可侵之權利，則各國互相愛重，而莫或相侵，此為國際之本務。或其一國之權利，為他國所侵，則得而抗拒之，亦猶私人之有正當防衛之權焉。唯其施行之術，與私人不同。私人之自衛，特在法律不及保護之時，苟非迫不及待，則不可不待正於國權。國家則不然，各國並峙，未嘗有最高之公權以控制之，雖有萬國公法，而亦無強迫執行之力。故一國之權利，苟被侵害，則自衛之外，別無他策，而所以實行自衛之道者，戰而已矣。

戰之理，雖起於正當自衛之權，而其權不受控制，國家得自由發斂之，故常為野心者之所濫用。大凌小，強侮弱，雖以今日盛唱國際道德之時，猶不能免。唯列國各盡其防衛之術，處攻勢者，未必有十全之勝算，則苟非必不得已之時，亦皆憚於先發。於是國際齟齬之端，間亦恃萬國公法之成文以公斷之，而得免於戰禍焉。

然使兩國之爭端，不能取平於樽俎之間，則不得不以戰役決之。開

戰以後，苟有可以求勝者，皆將無所忌而為之，必屈敵人而後已。唯敵人既屈，則目的已達，而戰役亦於是畢焉。

開戰之時，於敵國兵士，或殺傷之，或俘囚之，以殺其戰鬥力，本為戰國應有之權利，唯其婦孺及平民之不攜兵器者，既不與戰役，即不得加以戮辱。敵國之城郭堡壘，固不免於破壞，而其他工程之無關戰役者，亦不得妄有毀損。或占而有之，以為他日賠償之保證，則可也。其在海戰，可以捕敵國船艦，而其權唯屬國家，若縱兵擄掠，則與盜賊奚擇焉？

在昔人文未開之時，戰勝者往往焚敵國都市，掠其金帛子女，是謂借戰勝之餘威，以逞私慾，其戾於國際之道德甚矣。近世公法漸明，則戰勝者之權利，亦已漸有範圍，而不至復如昔日之橫暴，則亦道德進步之一徵也。

國家者，積人而成，使人人實踐道德，而無或悖焉，則國家亦必無非理悖德之舉可知也。方今國際道德，雖較進於往昔，而野蠻之遺風，時或不免，是亦由人類道德之未盡善，而不可不更求進步者也。

人類之聚處，雖區別為各家族、各社會、各國家，而離其各種區別之界限而言之，則彼此同為人類，故無論家族有親疏、社會有差等，國家有與國、敵國之不同，而既已同為人類，則又自有其互相待遇之本務可知也。

人類相待之本務如何？曰：無有害於人類全體之幸福，助其進步，使人我同享其利而已。夫篤於家族者，或不免漠然於社會，然而社會之本務，初不與家族之本務相妨。忠於社會者，或不免不經意於國家，然而國家之本務，乃適與社會之本務相成。然則愛國之士，屏斥世界主義者，其未知人類相待之本務，固未嘗與國家之本務相衝突也。

譬如兩國開戰，以互相殺傷為務者也。然而有紅十字會者，不問其傷者為何國之人，悉噢咻而撫循之，初未嘗與國家主義有背也。夫兩國開戰之時，人類相待之本務，尚不以是而間斷，則平日蓋可知矣。

第五章　職業

第一節　總論

　　凡人不可以無職業,何則?無職業者,不足以自存也。人雖有先人遺產,苟優遊度日,不講所以保守維持之道,則亦不免於喪失者。且世變無常,千金之子,驟失其憑藉者,所在多有,非素有職業,亦奚以免於凍餒乎?

　　有人於此,無材無藝,襲父祖之遺財,而安於怠廢,以道德言之,謂之遊民。遊民者,社會之公敵也。不唯此也,人之身體精神,不用之,則不特無由暢發,而且日即於耗廢,過逸之弊,足以戕其天年。為財產而自累,愚亦甚矣。既有此資財,則奚不利用之,以講求學術,或捐助國家,或興舉公益,或旅行遠近之地,或為人任奔走周旋之勞,凡此皆所以益人裨世,而又可以自練其身體及精神,以增進其智德;較之飽食終日,以多財自累者,其利害得失,不可同日而語矣。夫富者,為社會所不可少,即貨殖之道,亦不失為一種之職業,但能善理其財,而又能善用之以有裨於社會,則又孰能以無職業之人目之耶?

　　人不可無職業,而職業又不可無選擇。蓋人之性質,於素所不喜之事,雖勉強從事,輒不免事倍而功半;從其所好,則勞而不倦,往往極其造詣之精,而漸有所闡明。故選擇職業,必任各人之自由,而不可以他人干涉之。

　　自擇職業,亦不可以不慎,蓋人之於職業,不唯其趣向之合否而已,又於其各種憑藉之資,大有關係。嘗有才識不出中庸,而終身自得

其樂；或抱奇才異能，而以坎坷不遇終者；甚或意匠慘淡，發明器械，而絀於資財，齎志以沒。世界蓋嘗有多許之奈端、瓦特其人，而成功如奈端、瓦特者卒鮮，良可慨也。是以自擇職業者，慎勿輕率妄斷，必詳審職業之性質，與其義務，果與己之能力及境遇相當否乎，即不能輒決，則參稽於老成練達之人，其亦可也。

凡一職業中，莫不有特享榮譽之人，蓋職業無所謂高下，而榮譽之得否，仍關乎其人也。其人而賢，則雖屠釣之業，亦未嘗不可以顯名，唯擇其所宜而已矣。

承平之世，子弟襲父兄之業，至為利便，何則？幼而狎之，長而習之，耳濡目染，其理論方法，半已領會於無意之中也。且人之性情，有所謂遺傳者。自高、曾以來，歷代研究，其官能每有特別發達之點，而器械圖書，亦復積久益備，然則父子相承，較之崛起而立業，其難易遲速，不可同年而語。中國古昔，如曆算醫藥之學，率為世業，而近世音律圖畫之技，亦多此例，其明徵也。唯人之性質，不易揆以一例，重以外界各種之關係，亦非無齟齬於世業者，此則不妨別審所宜，而未可以膠柱而鼓瑟膠柱者也。

自昔區別職業，士、農、工、商四者，不免失之太簡，泰西學者，以計學之理區別之者，則又人自為說，今核之於道德，則不必問其業務之異同，而第以義務如何為標準，如勞心、勞力之分，其一例也。而以人類生計之關係言之，則可大別為二類：一出其資本以營業，而借勞力於人者；一出其能力以任事，而受酬報於人者。甲為傭者，乙為被傭者，二者義務各異，今先概論之，而後及專門職業之義務焉。

第二節　傭者及被傭者

　　傭者以正當之資本，若智力，對於被傭者，而命以事務給以傭值者也，其本務如下：

　　凡給於被傭者之值，宜視普通工值之率而稍豐贍之，第不可以同盟罷工，或他種迫脅之故而驟豐其值。若平日無先見之明，過嗇其值，一遇事變，即不能固持，而悉如被傭者之所要求，則鮮有不出入懸殊，而自敗其業者。

　　傭者之於被傭者，不能謂值之外，別無本務，蓋尚有保護愛撫之責。雖被傭者未嘗要求及此，而傭者要不可以不自盡也。如被傭者當勞作之時，猝有疾病事故，務宜用意周恤。其他若教育子女，保全財產，激勵貯蓄之法，亦宜代為謀之。唯當行以誠懇惻怛之意，而不可過於干涉，蓋干涉太過，則被傭者不免自放其責任，而失其品格也。

　　傭者之役使被傭者，其時刻及程度，皆當有制限，而不可失之過酷，其在婦稚，尤宜善視之。

　　凡被傭者，大抵以貧困故，受教育較淺，故往往少遠慮，而不以貯蓄為意，業繁而值裕，則濫費無節；業耗而傭儉，則口腹不給矣。故傭者宜審其情形，為設立保險公司，貯蓄銀行，或其他慈善事業，為割其傭值之一部以充之，俾得備不時之需。如見有博弈飲酒，耽逸樂而害身體者，宜懇切勸諭之。

　　凡被傭者之本務，適與傭者之本務相對待。

　　被傭者之於傭者，宜摯實勤勉，不可存嫉妒猜疑之心，蓋彼以有資本之故，而購吾勞力，吾能以操作之故，而取彼資財，此亦社會分業之通例，而自有兩利之道者也。

第五章　職業

　　被傭者之操作，不特為對於傭者之義務，而亦為自己之利益。蓋怠惰放佚，不唯不利於傭者，而於己亦何利焉？故摯實勤勉，實為被傭者至切之本務也。

　　休假之日，自有樂事，然亦宜擇其無損者。如沉湎放蕩，務宜戒之。若能乘此暇日，為親戚朋友協助有益之事，則尤善矣。

　　凡人之職業，本無高下貴賤之別。高下貴賤，在人之品格，而於職業無關也。被傭者苟能以暇日研究學理，尋覽報章雜誌之屬，以通曉時事，或聽絲竹，觀圖畫，植花木，以優美其胸襟，又何患品格之不高尚耶？

　　傭值之多寡，恆視其製作品之售價以為準。自被傭者觀之，自必多多益善，然亦不能不準之於定率者。若要求過多，甚至糾結朋黨，挾眾力以脅主人，則亦謬矣。

　　有欲定畫一之傭值者，有欲專以時間之長短，為傭值多寡之準者，是亦謬見也。蓋被傭者，技能有高下，操作有勤惰，責任有重輕，其傭值本不可以齊等，要在以勞力與報酬，相為比例，否則適足以勸惰慢耳。唯被傭者，或以疾病事故，不能執役，而傭者仍給以平日之值，與他傭同，此則特別之惠，而未可視為常例者也。

　　孟子有言，無恆產者無恆心。此實被傭者之通病也。唯無恆心，故動輒被人指嗾，而為疏忽暴戾之舉，其思想本不免偏於同業利益，而忘他人之休戚，又常以濫費無節之故，而流於睏乏，則一旦紛起，雖同業之利益，亦有所不顧矣，此皆無恆心之咎，而其因半由於無恆產，故為被傭者圖久長之計，非平日積恆產而養恆心不可也。

　　農夫最重地產，故安土重遷，而能致意於鄉黨之利害，其摯實過於工人。唯其有恆產，是以有恆心也。顧其見聞不出鄉黨之外，而風俗習

191

慣，又以保守先例為主，往往知有物質，而不知有精神，謀衣食，長子孫，囿於目前之小利，而不遑遠慮。即子女教育，亦多不經意，更何有於社會公益、國家大計耶？故啟發農民，在使知教育之要，與夫各種社會互相維繫之道也。

中國社會間，貧富懸隔之度，尚不至如歐美各國之甚，故均富主義，尚無蔓延之慮。然世運日開，智愚貧富之差，亦隨而日異，智者富者日益富，愚者貧者日益窮，其究也，必不免於懸隔，而彼此之衝突起矣。及今日而預杜其弊，唯在教育農工，增進其智識，使不至永居人下而已。

第三節　官吏

傭者及被傭者之關係，為普通職業之所同。今更將專門職業，舉其尤重要者論之。

官吏者，執行法律者也。其當具普通之智識，而熟於法律之條文，所不待言，其於職務上所專司之法律，尤當通其原理，庶足以應蕃變之事務，而無失機宜也。

為官吏者，既具職務上應用之學識，而其才又足以濟之，宜可稱其職矣。而事或不舉，則不勤不精之咎也。夫職務過繁，未嘗無日不暇給之苦，然使日力有餘，而怠惰以曠其職，則安得不任其咎？其或貌為勤劬，而治事不循條理，則顧此失彼，亦且勞而無功。故勤與精，實官吏之義務也。世界各種職業，雖半為自圖生計，而既任其職，則即有對於委任者之義務。況官吏之職，受之國家，其義務之重，有甚於工場商肆者。其職務雖亦有大小輕重之別，而其對於公眾之責任則同。夫安得漫不經意，而以不勤不精者當之耶？

勤也精也，皆所以有為也。然或有為而無守，則亦不足以任官吏。

官吏之操守，所最重者：曰毋黷貨，曰勿徇私。官吏各有常俸，在文明之國，所定月俸，足以給其家庭交際之費而有餘，苟其貪黷無厭，或欲有以供無謂之糜費，而於應得俸給以外，或徵求賄賂，或侵蝕公款，則即為公家之罪人，雖任事有功，亦無以自蓋其愆矣。至於理財徵稅之官，尤以此為第一義也。

官吏之職，公眾之職也，官吏當任事之時，宜棄置其私人之資格，而純以職務上之資格自處。故用人行政，悉不得參以私心，夫徵辟僚屬，誠不能不取資於所識，然所謂所識者，乃識其才之可以勝任，而非交契之謂也。若不問其才，而唯以平日關係之疏密為斷，則必致僨事。又或以所治之事，與其戚族朋友有利害之關係，因而上下其手者，是皆徇私廢公之舉，官吏宜懸為厲禁者也。

官吏之職務，如此重要，而司法官之關係則尤大。何也？國家之法律，關於人與人之爭訟者，曰民事法；關於生命財產之罪之刑罰者，曰刑事法。而本此法律以為裁判者，司法官也。

凡職業各有其專門之知識，為任此職業者所不可少，而其中如醫生之於生理學，舟師之於航海術，司法官之於法律學，則較之他種職業，義務尤重，以其關於人間生命之權利也。使司法官不審法律精意，而妄斷曲直，則貽害於人間之生命權至大，故任此者，既當有預蓄之知識；而任職以後，亦當以暇日孜孜講求之。

司法官介立兩造間，當公平中正，勿徇私情，勿避權貴，蓋法庭之上，本無貴賤上下之別也。若乃妄納賕贓，顛倒是非，則其罪尤大，不待言矣。

寬嚴得中，亦司法者之要務，凡刑事裁判，苟非糾紛錯雜之案，按律擬罪，殆若不難，然寬嚴之際，差以毫釐，謬以千里，亦不可以不

慎。至於民事裁判，尤易以意為出入，慎勿輕心更易之。

大抵司法官之失職，不盡在學識之不足，而恆失之於輕忽，如集證不完，輕下斷語者是也。又或證據盡得，而思想不足以澈之，則狡妄之供詞，舞文之辯護，偽造之憑證，皆足以眩惑其心，而使之顛倒其曲直。故任此者，不特預儲學識之為要，而尤當養其清明之心力也。

第四節　醫生

醫者，關於人間生死之職業也，其需專門之知識，視他職業為重。苟其於生理解剖，疾病症候，藥物性效，研究未精，而動輒為人診治，是何異於挾刃而殺人耶？

醫生對於病者，有守祕密之義務。蓋病之種類，亦或有憚人知之者，醫生若無端濫語於人，既足傷病者之感情，且使後來病者，不敢以祕事相告，亦足以為診治之妨礙也。

醫生當有冒險之性質，如傳染病之類，雖在己亦有危及生命之虞，然不能避而不往，至於外科手術，尤非以沉勇果斷者行之不可也。

醫生之於病者，尤宜懇切，技術雖精，而不懇切，則不能有十全之功。蓋醫生不得病者之信用，則醫藥之力，已失其半，而治精神病者，尤以信用為根據也。

醫生當規定病者飲食起居之節度，而使之恪守，若縱其自肆，是適以減殺醫藥之力也。故醫生當勿欺病者，而務有以鼓勵之，如其病勢危篤，則尤不可不使自知之而自慎之也。

無論何種職業，皆當以康強之身體任之，而醫生為尤甚。遇有危急之病，祁寒盛暑，微夜侵晨，亦皆有所不避。故務強健其身體，始有以赴人之急，而無所濡滯。如其不能，則不如不任其職也。

第五節　教員

　　教員所授，有專門學、普通學之別，皆不可無相當之學識。而普通學教員，於教授學科以外，訓練管理之術，尤重要焉。不知教育之學，管理之法，而妄任小學教員，則學生之身心，受其戕賊，而他日必貽害於社會及國家，其罪蓋甚於庸醫之殺人。願任教員者，不可不自量焉。

　　教員者，啟學生之知識者也。使教員之知識，本不豐富，則不特講授之際，不能詳密，而學生偶有質問，不免窮於置對，啟學生輕視教員之心，而教授之效，為之大減。故為教員者，於其所任之教科，必詳博綜貫，肆應不窮，而後能勝其任也。

　　知識富矣，而不諳教授管理之術，則猶之匣劍帷燈，不能展其長也。蓋授知識於學生者，非若水之於盂，可以挹而注之，必導其領會之機，挈其研究之力，而後能與之俱化，此非精於教授法者不能也。學生有勤惰靜躁之別，策其惰者，抑其躁者，使人人皆專意向學，而無互相擾亂之慮，又非精於管理法者不能也。故教員又不可不知教授管理之法。

　　教員者，學生之模範也。故教員宜實行道德，以其身為學生之律度，如衛生宜謹，束身宜嚴，執事宜敏，斷曲直宜公，接人宜和，懲忿而窒慾，去鄙倍而遠暴慢，則學生日燻其德，其收效勝於口舌倍蓰矣。

第六節　商賈

　　商賈亦有傭者與被傭者之別。主人為傭者，而執事者為被傭者。被傭者之本務，與農工略同。而商業主人，則與農工業之傭者有異。蓋彼不徒有對於被傭者之關係，而又有其職業中之責任也。農家產物之美惡，自有市價，美者價昂，惡者價絀，無自而取巧。工業亦然，其所製

作，有精粗之別，則價值亦緣之而為差，是皆無關於道德者也。唯商家之貨物，及其貿易之法，則不能不以道德繩之，請言其略。

正直為百行之本，而於商家為尤甚。如貨物之與標本，理宜一致，乃或優劣懸殊，甚且性質全異，乘購者一時之不檢，而矯飾以欺之，是則道德界之罪人也。

且商賈作偽，不特悖於道德而已，抑亦不審利害，蓋目前雖可攫錙銖之利，而信用一失，其因此而受損者無窮。如英人以商業為立國之本，坐握宇內商權，雖由其勇於赴利，敏於乘機，具商界特宜之性質，而要其恪守商業道德，有高尚之風，少鄙劣之情，實為得世界信用之基本焉。蓋英國商人之正直，習以成俗，雖宗教亦與有力，而要亦閱歷所得，知非正直必不足以自立，故深信而篤守之也。索士比亞（索士比亞：今譯作莎士比亞。）有言：「正直者，上乘之策略。」豈不然乎？

中學修身教科書（下篇）

第一章　緒論

　　人生當盡之本務,既於上篇分別言之,是皆屬於實踐倫理學之範圍者也。今進而推言其本務所由起之理,則為理論之倫理學。

　　理論倫理學之於實踐倫理學,猶生理學之於衛生學也。本生理學之原則而應用之,以圖身體之健康,乃有衛生學;本理論倫理學所闡明之原理而應用之,以為行事之軌範,乃有實踐倫理學。世亦有應用之學,當名之為術者,循其例,則唯理論之倫理學,始可以占倫理之名也。

　　理論倫理學之性質,與理化博物等自然科學,頗有同異,以其人心之成跡或現象為對象,而闡明其因果關係之理,與自然科學同。其闡定標準,而據以評判各人之行事,畀以善惡是非之名,則非自然科學之所具矣。

　　原理論倫理學之所由起,以人之行為,常不免有種種之疑問,而按據學理以答之,其大綱如下:

　　問:凡人無不有本務之觀念,如所謂某事當為者,是何由而起歟?

　　答:人之有本務之觀念也,由其有良心。

　　問:良心者,能命人以某事當為,某事不當為者歟?

　　答:良心者,命人以當為善而不當為惡。

　　問:何為善,何為惡?

　　答:合於人之行為之理想,而近於人生之鵠者為善,否則為惡。

　　問:何謂人之行為之理想?何謂人生之鵠?

　　答:自發展其人格,而使全社會隨之以發展者;人生之鵠也,即人

之行為之理想也。

問：然則準理想而定行為之善惡者誰與？

答：良心也。

問：人之行為，必以責任隨之，何故？

答：以其意志之自由也。蓋人之意志作用，無論何種方向，固可以自由者也。

問：良心之所命，或從之，或悖之，其結果如何？

答：從良心之命者，良心讚美之；悖其命者，良心呵責之。

問：倫理之極致如何？

答：從良心之命，以實現理想而已。

倫理學之綱領，不外此等問題，當分別說之於後。

第二章　良心論

第一節　行為

　　良心者，不特告人以善惡之別，且迫人以避惡而就善者也。行一善也，良心為之大快；行一不善也，則良心之呵責隨之，蓋其作用之見於行為者如此。故欲明良心，不可不先論行為。

　　世固有以人生動作一切謂之行為者，而倫理學之所謂行為，則其義頗有限制，即以意志作用為原質者也。苟不本於意志之作用，謂之動作，而不謂之行為，如呼吸之屬是也。而其他特別動作，苟或緣於生理之變常，無意識而為之，或迫於強權者之命令，不得已而為之。凡失其意志自由選擇之權者，皆不足謂之行為也。

　　是故行為之原質，不在外現之舉動，而在其意志。意志之作用既起，則雖其動作未現於外，而未嘗不可以謂之行為，蓋定之以因，而非定之以果也。

　　法律之中，有論果而不求因者，如無意識之罪戾，不免處罰，而雖有惡意，苟未實行，則法吏不能過問是也。而道德則不然，有人於此，決意欲殺一人，其後阻於他故，卒不果殺。以法律繩之，不得謂之有罪，而繩以道德，則已與曾殺人者無異，是知道德之於法律，較有直內之性質，而其範圍亦較廣矣。

第二節　動機

　　行為之原質，既為意志作用，然則此意志作用，何由而起乎？曰：起於有所慾望。此慾望者，或為事物所惑，或為境遇所驅，各各不同，要必先有慾望，而意志之作用乃起。故慾望者，意志之所緣以動者也，因名之曰動機。

　　凡人欲得一物，欲行一事，則有其所欲之事物之觀念，是即所謂動機也。意志為此觀念所動，而決行之，乃始能見於行為，如學生閉戶自精，久而厭倦，則散策野外以振之，散策之觀念，是為動機。意志為其所動，而決意一行，已而攜杖出門，則意志實現而為行為矣。

　　夫行為之原質，既為意志作用，而意志作用，又起於動機，則動機也者，誠行為中至要之原質歟。

　　動機為行為中至要之原質，故行為之善惡，多判於此。而或專以此為判決善惡之對象，則猶未備。何則？凡人之行為，其結果苟在意料之外，誠可以不任其責。否則其結果之利害，既可預料，則行之者，雖非其慾望之所指，而其咎亦不能辭也。有人於此，惡其友之放蕩無行，而欲有以勸阻之，此其動機之善者也，然或諫之不從，怒而毆之，以傷其友，此必非慾望之所在，然毆人必傷，既為彼之所能逆料，則不得因其動機之無惡，而並寬其毆人之罪也。是為判決善惡之準，則當於後章詳言之。

第三節　良心之體用

　　人心之作用，蕃變無方，而得括之以智、情、意三者。然則良心之作用，將何屬乎？在昔學者，或以良心為智、情、意三者以外特別之作用，其說固不可通。有專屬之於智者，有專屬之於情者，有專屬之於意

者，亦皆一偏之見也。以餘觀之，良心者，該智、情、意而有之，而不囿於一者也。凡人欲行一事，必先判決，其是非，此良心作用之屬於智者也，既判其是非矣，而後有當行不當行之決定，是良心作用之屬於意者也。於其未行之先，善者愛之，否者惡之，既行之後，則樂之，否則悔之，此良心作用之屬於情者也。

由是觀之，良心作用，不外乎智、情、意三者之範圍明矣。然使因此而謂智、情、意三者，無論何時何地，必有良心作用存焉，則亦不然。蓋必其事有善惡可判者。求其行為所由始，而始有良心作用之可言也。故倫理學之所謂行為，本指其特別者，而非包含一切之行為。因而意志及動機，凡為行為之原質者，亦不能悉納諸倫理之範圍。唯其意志、動機之屬，既已為倫理學之問題者，則其中不能不有良心作用，固可知矣。

良心者，不特發於己之行為，又有因他人之行為而起者，如見人行善，而有親愛尊敬讚美之作用；見人行惡，而有憎惡輕侮非斥之作用是也。

良心有無上之權力，以管轄吾人之感情。吾人於善且正者，常覺其不可不為，於惡且邪者，常覺其不可為。良心之命令，常若迫我以不能不從者，是則良心之特色，而為其他意識之所無者也。

良心既與人以行為、不行為之命令，則吾人於一行為，其善惡邪正在疑似之間者，決之良心可矣。然人苟知識未充，或情慾太盛，則良心之力，每為妄念所阻。蓋常有行事之際，良心與妄念交戰於中，或終為妄念所勝者，其或邪惡之行為，已成習慣，則非痛除妄念，其良心之力，且無自而伸焉。

幼稚之年，良心之作用，未盡發達，每不知何者為惡，而率爾行

之，如殘虐蟲鳥之屬是也。而世之成人，亦或以政治若宗教之關係，而持其偏見，恣其非行者。毋亦良心作用未盡發達之故歟？

良心雖人所同具，而以教育經驗有淺深之別，故良心發達之程度，不能不隨之而異，且亦因人性質而有厚薄之別。又竟有不具良心之作用，如肢體之生而殘廢者，其人既無領會道德之力，則雖有合於道德之行為，亦僅能謂之偶合而已。

以教育經驗，發達其良心，青年所宜致意。然於智、情、意三者，不可有所偏重，而舍其餘，使有好善惡惡之情，而無辨識善惡之智力，則無意之中，恆不免自納於邪。況文化日開，人事日繁，辨識善惡，亦因而愈難，故智力不可不養也。有辨識善惡之智力矣，而或弱於遂善避惡之意志，則與不能辨識者何異？世非無富於經驗之士，指目善惡，若燭照數計，而違悖道德之行，卒不能免，則意志薄弱之故也。故智、情、意三者，不可以不併養焉。

第四節　良心之起源

人之有良心也，何由而得之乎？或曰：天賦之；或曰：生而固有之；或曰：由經驗而得之。

天賦之說，最為茫然而不可信，其後二說，則僅見其一方面者也：蓋人之初生，本具有可以為良心之能力，然非有種種經驗，以涵養而擴充之，則其作用亦無自而發現，如植物之種子然。其所具胚胎，固有可以發育之能力，然非得日光水氣之助，則無自而萌芽也，故論良心之本原者，當合固有及經驗之兩說，而其義始完。

人所以固有良心之故，則昔賢進化論，嘗詳言之。蓋一切生物，皆不能免於物競天擇之歷史，而人類固在其中。競爭之效，使其身體之結

構，精神之作用，宜者日益發達，而不宜者日趨於消滅，此進化之定例也。人之生也，不能孤立而自存，必與其他多數之人，相集合而為社會，為國家，而後能相生相養。夫既以相生相養為的，則其於一群之中，自相侵凌者，必被淘汰於物競之界，而其種族之能留遺以至今者，皆其能互相愛護故也：此互相愛護之情曰同情。同情者，良心作用之端緒也，由此端緒，而本遺傳之理，祖孫相承，次第進化，遂為人類不滅之性質，其所由來也久矣。

第三章　理想論

第一節　總論

　　權然後知輕重，度然後知長短，凡兩相比較者，皆不可無標準。今欲即人之行為，而比較其善惡，將以何者為標準乎？曰：至善而已；理想而已；人生之鵠而已。三者其名雖異，而核之於倫理學，則其義實同。何則？實現理想，而進化不已，即所以近於至善，而以達人生之鵠也。

　　持理想之標準，而判斷行為之善惡者，誰乎？良心也。行為猶兩造，理想猶法律，而良心則司法官也。司法官標準法律，而判斷兩造之是非，良心亦標準理想，而判斷行為之善惡也。

　　夫行為有內在之因，動機是也；又有外在之果，動作是也。今即行為而判斷之者，將論其因乎？抑論其果乎？此為古今倫理學者之所聚訟。而吾人所見，則已於良心論中言之，蓋行為之果，或非人所能預料，而動機則又止於人之慾望之所注，其所以達其慾望者，猶未具也。故兩者均不能專為判斷之對象，唯兼取動機及其預料之果，乃得而判斷之，是之謂志向。

　　吾人既以理想為判斷之標準，則理想者何謂乎？曰：窺現在之缺陷而求將來之進步，冀由是而馴至於至善之理想是也。故其理想，不特人各不同，即同一人也，亦復循時而異，如野人之理想，在足其衣食；而識者之理想，在饜於道義，此因人而異者也。吾前日之所是，及今日而非之；吾今日之所是，及他日而又非之，此一人之因時而異者也。

　　理想者，人之希望，雖在其意識中，而未能實現之於實在，且恆與

實在者相反,及此理想之實現,而他理想又從而據之,故人之境遇日進步,而理想亦隨而益進。理想與實在,永無完全符合之時,如人之夜行,欲踏己影而終不能也。

唯理想與實在不同,而又為吾人必欲實現之境,故吾人有生生不息之象。使人而無理想乎,夙興夜寐,出作入息,如機械然,有何生趣?是故人無賢愚,未有不具理想者。唯理想之高下,與人生品行,關係至巨。其下者,囿於至淺之樂天主義,奔走功利,老死而不變;或所見稍高,而欲以簡之作用達之,及其不果,遂意氣沮喪,流於厭世主義,且有因而自殺者,是皆意力薄弱之故也。吾人不可無高尚之理想,而又當以堅忍之力向之,日新又新,務實現之而後已,斯則對於理想之責任也。

理想之關係,如是其重也,吾人將以何者為其內容乎?此為倫理學中至大之問題,而古來學說之所以多歧者也。今將述各家學說之概略,而後以吾人之意見決定之。

第二節　快樂說

自昔言人生之鵠者,其學說雖各不同,而可大別為三:快樂說,克己說,實現說,是也。

以快樂為人生之鵠者,亦有同異。以快樂之種類言,或主身體之快樂,或主精神之快樂,或兼二者而言之。以享此快樂者言,或主獨樂,或主公樂。主公樂者,又有捨己徇人及人己同樂之別。

以身體之快樂為鵠者,其悖謬蓋不待言。彼夫無行之徒,所以喪產業,損譽,或並其性命而不顧者,夫豈非殉於身體之快樂故耶?且身體之快樂,人所同喜,不待教而後知,亦何必揭為主義以張之?徒足以助

縱慾敗度者之焰，而誘之於陷阱耳。血氣方壯之人，幸毋為所惑焉。

獨樂之說，知有己而不知有人，苟吾人不能離社會而獨存，則其說絕不足以為道德之準的，而捨己徇人之說，亦復不近人情，二者皆可以舍而不論也。

人我同樂之說，亦謂之功利主義，以最多數之人，得最大之快樂，為其鵠者也。彼以為人之行事，雖各不相同，而皆所以求快樂，即為蓄財產養名譽者，時或耐艱苦而不辭，要亦以財產名譽，足為快樂之預備，故不得不捨目前之小快樂，以預備他日之大快樂耳。而要其趨於快樂則一也，故人不可不以最多數人得最大快樂為理想。

夫快樂之不可以排斥，固不待言。且精神之快樂，清白高尚，尤足以鼓勵人生，而慰藉之於無聊之時。其裨益於人，良非淺鮮。唯是人生必以最多數之人，享最大之快樂為鵠者，何為而然歟？如僅曰社會之趨勢如是而已，則尚未足以為倫理學之義證。且快樂者，意識之情狀，其淺深長短，每隨人而不同，我之所樂，人或否之；人之所樂，亦未必為我所贊成。所謂最多數人之最大快樂者，何由而定之歟？持功利主義者，至此而窮矣。

蓋快樂之高尚者，多由於道德理想之實現，故快樂者，實行道德之效果，而非快樂即道德也。持快樂說者，據意識之狀況，而揭以為道德之主義，故其說有不可通者。

第三節　克己說

反對快樂說而以抑制情慾為主義者，克己說也。克己說中，又有遏欲與節欲之別。遏欲之說，謂人性本善，而情慾淆之，乃陷而為惡。故欲者，善之敵也。遏欲者，可以去惡而就善也。節欲之說，謂人不能無

欲，徇欲而忘返，乃始有放僻邪侈之行，故人必有所以節制其欲者而後可，理性是也。

又有為良心說者，曰：人之行為，不必別立標準，比較而擬議之，宜以簡直之法，質之於良心。良心所是者行之，否者斥之，是亦不外乎使情慾受制於良心，亦節欲說之流也。

遏欲之說，悖乎人情，殆不可行。而節欲之說，亦尚有偏重理性而疾視感情之弊。且克己諸說，雖皆以理性為中堅，而於理性之內容，不甚研求，相競於避樂就苦之作用，而能事既畢，是僅有消極之道德，而無積極之道德也。東方諸國，自昔偏重其說，因以妨私人之發展，而阻國運之伸張者，其弊頗多。其不足以為完全之學說，蓋可知矣。

第四節　實現說

快樂說者，以達其情為鵠者也；克己說者，以達其智為鵠者也。人之性，既包智、情、意而有之，乃舍其二而取其一，揭以為人生之鵠，不亦偏乎？必也舉智、情、意三者而悉達之，盡現其本性之能力於實在，而完成之，如是者，始可以為人生之鵠，此則實現說之宗旨，而吾人所許為純粹之道德主義者也。

人性何由而完成？曰：在發展人格。發展人格者，舉智、情、意而統一之光明之之謂也。蓋吾人既非木石，又非禽獸，則自有所以為人之品格，是謂人格。發展人格，不外乎改良其品格而已。

人格之價值，即所以為人之價值也。世界一切有價值之物，無足以擬之者，故為無對待之價值，雖以數人之人格言之，未嘗不可為同異高下之比較；而自一人言，則人格之價值，不可得而數量也。

人格之可貴如此，故抱發展人格之鵠者，當不以富貴而淫，不以貧

賤而移，不以威武而屈。死生亦大矣，而自昔若顏真卿、文天祥輩，以身殉國，曾不躊躇，所以保全其人格也。人格既墮，則生亦胡顏；人格無虧，則死而不朽。孔子曰：「朝聞道，夕死可矣。」良有以也。

自昔有天道福善禍淫之說，世人以蹠蹻之屬，窮凶而考終；夷齊之倫，求仁而餓死，則輒謂天道之無知，是蓋見其一而不見其二者。人生數十寒暑耳，其間窮通得失，轉瞬而逝；而蓋棺論定，或流芳百世，或遺臭萬年，人格之價值，固歷歷不爽也。

人格者，由人之努力而進步，本無止境，而其壽命，亦無限量焉。向使孔子當時為桓魋所殺，孔子之人格，終為百世師。蘇格拉底雖仰毒而死，然其人格，至今不滅。人格之壽命，何關於生前之境遇哉。

發展人格之法，隨其人所處之時地而異，不必苟同，其致力之所，即在本務，如前數卷所舉，對於自己、若家族、若社會、若國家之本務皆是也。而其間所尤當致意者，為人與社會之關係。蓋社會者，人類集合之有機體。故一人不能離社會而獨存，而人格之發展，必與社會之發展相應。不明乎此，則有以獨善其身為鵠，而不措意於社會者。豈知人格者，謂吾人在社會中之品格，外乎社會，又何所謂人格耶？

第四章　本務論

第一節　本務之性質及緣起

本務者，人生本分之所當盡者也，其中有不可為及不可不為之兩義，如孝友忠信，不可不為者也；竊盜欺詐，不可為者也。是皆人之本分所當盡者，故謂之本務。既知本務，則必有好惡之感情隨之，而以本務之盡否為苦樂之判也。

人生之鵠，在發展其人格，以底於大成。其鵠雖同，而所以發展之者，不能不隨時地而異其方法。故所謂當為、不當為之事，不特數人之間，彼此不能強同，即以一人言之，前後亦有差別，如學生之本務，與教習之本務異；官吏之本務，與人民之本務異。均是忠也，軍人之忠，與商賈之忠異，是也。

人之有當為不當為之感情，即所謂本務之觀念也。是何由而起乎？曰自良心。良心者，道德之泉源，如第二章所言是也。

良心者，非無端而以某事為可為某事為不可為也，實核之於理想，其感為可為者，必其合於理想者也；其感為不可為者，必背於理想者也。故本務之觀念，起於良心，而本務之節目，實準諸理想。理想者，所以赴人生之鵠者也。然則謂本務之緣起，在人生之鵠可也。

本務者，無時可懈者也。法律所定之義務，人之負責任於他人若社會者，得以他人若社會之意見而解免之。道德之本務，則與吾身為形影之比附，無自而解免之也。

然本務亦非責人以力之所不及者，按其地位及境遇，盡力以為善斯

可矣。然則人者，既不能為本務以上之善行，亦即不當於本務以下之行為，而自謂已足也。

人之盡本務也，其始若難，勉之既久，而成為習慣，則漸造自然矣。或以為本務者，必寓有強制之義，從容中道者，不可以為本務，是不知本務之義之言也。蓋人之本務，本非由外界之驅迫，不得已而為之，乃其本分所當然耳。彼安而行之者，正足以見德性之成立，較之勉強而行者，大有進境焉。

法律家之恆言曰：有權利必有義務；有義務必有權利。然則道德之本務，亦有所謂權利乎？曰有之。但與法律所定之權利，頗異其性質。蓋權利之屬，本乎法律者，為其人所享之利益，得以法律保護之，其屬於道德者，則唯見其反抗之力，即不盡本務之時，受良心之呵責是也。

第二節　本務之區別

人之本務，隨時地而不同，既如前說。則列舉何等之人，而條別其本務，將不勝其煩，而溢於理論倫理學之範圍。至因其性質之大別，而辜較論之，則又前數卷所具陳也，今不贅焉。

今所欲論者，乃在本務緩急之別。蓋既為本務，自皆為人所不可不盡，然其間自不能無大小輕重之差。人之行本務也，急其大者重者，而緩其小者輕者，所不待言，唯人事蕃變，錯綜無窮，置身其間者，不能無歧路亡羊之懼，如石奢追罪人，而不知殺人者乃其父；王陵為漢御楚，而楚軍乃以其母劫之，其間顧此失彼，為人所不能不惶惑者，是為本務之矛盾，斷之昔宜審當時之情形而定之。蓋常有輕小之本務，因時地而轉為重大；亦有重大之本務，因時地而變為輕小者，不可以膠柱而鼓瑟也。

第三節　本務之責任

　　人既有本務，則即有實行本務之責任，苟可以不實行，則亦何所謂本務。是故本務觀念中，本含有責任之義焉；唯是責任之關於本務者，不特在未行之先，而又負之於既行以後，譬如同宿之友，一旦罹疾，盡心調護，我之本務，有實行之責任者也。實行以後，調護之得當與否，我亦不得不任其責。是故責任有二義。而今之所論，則專屬於事後之責任焉。

　　夫人之實行本務也，其於善否之間，所當任其責者何在？曰在其志向。志鄹者，兼動機及其預料之果而言之也。動機善矣，其結果之善否，苟為其人之所能預料，則亦不能不任其責也。

　　人之行事，何由而必任其責乎？曰：由於意志自由。凡行事之始，或甲或乙，悉任其意志之自擇，而別無障礙之者也。夫吾之意志，既選定此事，以為可行而行之，則其責不屬於吾而誰屬乎？

　　自然現象，無不受範於因果之規則，人之行為亦然。然當其未行之行，行甲乎，行乙乎？一任意志之自由，而初非因果之規則所能約束，是即責任之所由生，而道德法之所以與自然法不同者也。

　　本務之觀念，起於良心，既於第一節言之。而責任之與良心，關係亦密。凡良心作用未發達者，雖在意志自由之限，而其對於行為之責任，亦較常人為寬，如兒童及蠻人是也。

　　責任之所由生，非限於實行本務之時，則其與本務關係較疏。然其本原，則亦在良心作用，故附論於本務之後焉。

第五章　德論

第一節　德之本質

　　凡實行本務者，其始多出於勉強，勉之既久，則習與性成。安而行之，自能欣合於本務，是之謂德。

　　是故德者，非必為人生固有之品性，大率以實行本務之功，涵養而成者也。顧此等品性，於精神作用三者將何屬乎？或以為專屬於智，或以為專屬於情，或以為專屬於意。然德者，良心作用之成績。良心作用，既賅智、情、意三者而有之，則以德之原質，為有其一而遺其二者，謬矣。

　　人之成德也，必先有辨識善惡之力，是智之作用也。既辨識之矣，而無所好惡於其間，則必無實行之期，是情之作用，又不可少也。既辨識其為善而篤好之矣，而或猶豫畏葸，不敢決行，則德又無自而成，則意之作用，又大有造於德者也。故智、情、意三者，無一而可偏廢也。

第二節　德之種類

　　德之種類，在昔學者之所揭，互有異同，如孔子說以智、仁、勇三者，孟子說以仁、義、禮、智四者，董仲舒說以仁、義、禮、智、信五者；希臘拍拉圖說以智、勇、敬、義四者，亞里士多德說以仁、智二者，果以何者為定論乎？

　　吾儕之意見，當以內外兩方面別類之。自其作用之本於內者而言，則孔子所舉智、仁、勇三德，即智、情、意三作用之成績，其說最為圓

融。自其行為之形於外者而言，則當為自修之德。對於家族之德，對於社會之德，對於國家之德，對於人類之德。凡人生本務之大綱，即德行之最目焉。

第三節　修德

　　修德之道，先養良心。良心雖人所同具，而汩汩：埋沒。於惡習，則其力不充，然苟非梏亡殆盡。良心常有發現之時，如行善而慊，行惡而愧是也。乘其發現而擴充之，涵養之，則可為修德之基矣。

　　涵養良心之道，莫如為善。無問巨細，見善必為，日積月累，而思想云為，與善相習，則良心之作用昌矣。世或有以小善為無益而弗為者，不知善之大小，本無定限，即此弗為小善之見，已足誤一切行善之機會而有餘，他日即有莫大之善，亦將貿然而不之見。有志行善者，不可不以此為戒也。

　　既知為善，尤不可無去惡之勇。蓋善惡不並立，去惡不盡，而欲滋其善，至難也。當世弱志薄行之徒，非不知正義為何物，而逡巡猶豫，不能決行者，皆由無去惡之勇，而惡習足以掣其肘也。是以去惡又為行善之本。

　　人即日以去惡行善為志，然尚不能無過，則改過為要焉。蓋過而不改，則至再至三，其後遂成為性癖，故必慎之於始。外物之足以誘惑我者，避之若浼，一有過失，則翻然悔改，如去垢衣。勿以過去之不善，而遂誤其餘生也。惡人洗心，可以為善人；善人不改過，則終為惡人。悔悟者，去惡遷善之一轉機，而使人由於理義之途徑也。良心之光，為過失所壅蔽者，到此而復煥發。緝之則日進於高明，愒之則頓沉於黑暗。微乎危乎，悔悟之機，其慎勿縱之乎。

人各有所長，即亦各有所短，或富於智慮，而失之怯懦；或勇於進取，而不善節制。蓋人心之不同，如其面焉。是以人之進德也，宜各審其資稟，量其境遇，詳察過去之歷史，現在之事實，與夫未來之趨向，以與其理想相準，而自省之。勉其所短，節其所長，以求達於中；和之境，否則從其所好，無所顧慮，即使賢智之過，迥非愚不肖者所能及，然伸於此者詘於彼，終不免為道德界之畸人矣。曾子有言，吾日三省吾身。以彼大賢，猶不敢自縱如此，況其他乎？

然而自知之難，賢哲其猶病諸。徒恃返觀內省，尚不免於失真；必接種種人物，涉種種事變，而屢省驗之；又復質詢師友，博覽史籍，以補其不足。則於鍛鍊德性之功，庶乎可矣。

第六章　結論

　　道德有積極、消極二者：消極之道德，無論何人，不可不守。在往昔人權未昌之世，持之最嚴。而自今日言之，則僅此而已，尚未足以盡修德之量。蓋其人苟能屏出一切邪念，志氣清明，品性高尚，外不愧人，內不自疚，其為君子，固無可疑，然尚囿於獨善之範圍，而未可以為完人也。

　　人類自消極之道德以外，又不可無積極之道德，既涵養其品性，則又不可不發展其人格也。人格之發展，在洞悉夫一身與世界種種之關係，而開拓其能力，以增進社會之利福。正鵠既定，奮進而不已，每發展一度，則其精進之力，必倍於前日。縱觀立功成事之人，其進步之速率，無不與其所成立之事功而增進，固隨在可證者。此實人格之本性，而積極之道德所賴以發達者也。

　　然而人格之發展，必有種子，此種子非得消極道德之涵養，不能長成，而非經積極道德必以積極之擴張，則不能蓄盛。故修德者，當自消極之道德濟之德始，而又必以積極之道德濟之。消極之道德，與積極之道德，譬猶車之有兩輪，鳥之有兩翼焉，必不可以偏廢也。

美育與人生

　　人的一生，不外乎意志的活動，而意志是盲目的，其所恃以為較近之觀照者，是知識；所以供遠照、旁照之用者，是感情。

　　意志之表現為行為。行為之中，以一己的衛生而免死，趨利而避害者為最普通；此種行為，僅僅普通的知識，就可以指導了。進一步的，

以眾人的生及眾人的利為目的,而一己的生與利即託於其中。此種行為,一方面由於知識上的計較,知道眾人皆死而一己不能獨生;眾人皆害而一己不能獨利。又一方面,則亦受感情的推動,不忍獨生以坐視眾人的死,不忍專利以坐視眾人的害。更進一步,於必要時,願舍一己的生以救眾人的死;願舍一己的利以去眾人的害,把人我的分別,一己生死利害的關係,通通忘掉了。這種偉大而高尚的行為,是完全發動於感情的。

人人都有感情,而並非都有偉大而高尚的行為,這由於感情推動力的薄弱。要轉弱而為強,轉薄而為厚,有待於陶養。陶養的工具,為美的對象,陶養的作用,叫做美育。

美的對象,何以能陶養感情?因為他有兩種特性:一是普遍;二是超脫。

一瓢之水,一人飲了,他人就沒得分潤;容足之地,一人占了,他人就沒得並立;這種物質上不相入的成例,是助長人我的區別、自私自利的計較的。轉而觀美的對象,就大不相同。凡味覺、嗅覺、膚覺之含有質的關係者,均不以美論;而美感的發動,乃以攝影及音波輾轉傳達之視覺與聽覺為限。所以純然有「天下為公」之概;名山大川,人人得而遊覽;夕陽明月,人人得而賞玩;公園的造像,美術館的圖畫,人人得而暢觀。齊宣王稱「獨樂樂不若與人樂樂」;「與少樂樂不若與眾樂樂」;陶淵明稱「奇文共欣賞」。這都是美的普遍性的證明。

植物的花,不過為果實的準備;而梅、杏、桃、李之屬,詩人所詠嘆的,以花為多。專供賞玩之花,且有因人擇的作用,而不能結果的。動物的毛羽,所以禦寒,人固有製裘、織呢的習慣;然白鷺之羽,孔雀之尾,乃專以供裝飾。宮室可以避風雨就好了,何以要雕刻與彩畫?器

具可以應用就好了，何以要圖案？語言可以達意就好了，何以要特製音調的詩歌？可以證明美的作用，是超越乎利用的範圍的。

既有普遍性以打破人我的成見，又有超脫性以透出利害的關係；所以當著重要關頭，有「富貴不能淫，貧賤不能移，威武不能屈」的氣概；甚且有「殺身以成仁」而不「求生以害仁」的勇敢；這種是完全不由知識的計較，而由於感情的陶養，就是不源於智育，而源於美育。

所以吾人固不可不有一種普通職業，以應利用厚生的需要；而於工作的餘暇，又不可不讀文學，聽音樂，參觀美術館，以謀知識與感情的調和，這樣，才算是認識人生的價值了。

怎樣才配做一個現代學生

一般似乎很可愛的青年男女，住著男女同學的學校，就可以算做現代學生麼？或者能讀點外國文的書，說幾句外國語；或者能夠「信口開河」的談什麼⋯⋯什麼主義和什麼什麼⋯⋯文學，也配稱做現代學生麼？我看，這些都是表面的或次要的問題。我以為至少要具備下列三個條件，才配稱做現代學生。

（一）獅子樣的體力

中國自來把讀書的人叫做文人，本是因為他們所習的為文事的緣故，不料積久這「文人」兩個字和「文弱的人」四個字竟發生了連帶的關係。古時文士於禮、樂、書、數之外，尚須學習射、御，未嘗不寓武於文。不料到後來，被一般野心帝王專以文字章句愚弄天下儒生，鄙棄武事，把知識階級的體力繼續不斷的摧殘下去；流毒至今，一般讀書人所應有的健康，大都被毀剝了。羸弱父母，哪能生產康強的兒女！先天上

既虞不足,而學校教育,又未能十分注意體格的訓練,後天上也就大有缺陷。所以現時中國的男女青年的體格,雖略較二十年前的書生稍有進步,但比起東、西洋學生壯健活潑、生機勃茂的樣子來,相差真不可以道里計。最近有一位留學西洋多年而回國不久的朋友對我說:他剛從外洋回到上海的時候,在馬路上走,簡直不敢抬頭,因為看見一般孱弱已極、毫無生氣的中國男女,不禁發生恐懼和慚愧的感覺。這位朋友的話,並不是隨便邪說。任何人剛從外國返到中國國境,怕都不免有同樣的印象。這雖是就普通的中國人觀察,但是學校裡的學生也好不了許多。先有健全的身體,然後有健全的思想和事業,這句話無論何人都是承認的,所以學生體力的增進,實在是今日辦教育的生死關鍵。

　　現今欲求增進中國學生的體力,唯有提倡運動一法。中國廢科舉、辦學校,雖已歷時二十餘年之久,對於體育一項的設備,太不注意。甚至一個學校連操場、球場都沒有,至於健身房、游泳池等等關於體育上的設備,更說不上了。運動機會既因無「用武地」而減少,所以往往有聰慧勤學的學生,只因體力衰弱的緣故,縱使不患肺病、神經衰弱病及其他痼症而青年夭折,也要受精力不強、活動力減少的影響,不能出其所學貢獻於社會,前途希望和幸福就從此斷送,這是何等可悲痛的事!

　　今日的學生,便是明日的社會中堅,國家柱石,這樣病夫式或準病夫式的學生,焉能擔得起異日社會國家的重責!又焉能與外國赳赳武夫的學生爭長比短!就拿本年日本舉行的第九屆遠東運動會而論,中國運動員的成績比起日本來,幾於處處落人之後。較可取巧的足球,日本學生已成我勁敵。至於最費體力的田徑賽,則完全沒有中國學生的地位,這又是何等可羞恥的事!

　　體力的增進,並非一蹴而企。試觀東、西洋學生,自小學以至大

學，無一日不在鍛鍊陶冶之中。所以他們的青年，無不嗜好運動，興趣盎然。一聞賽球，群起而趨。這種習慣的養成，良非易事。而健全國民的基礎，乃以確立。這種情形，在初入其國的，嘗誤認為一種狂癖；觀察稍久，方知其影響國本之大。這是我們所應憬然猛省的。

外人以中國度龐大而不自振作，特贈以「睡獅」的怪號。青年們！醒來吧！趕快回覆你的「獅子樣的體力」！好與世界健兒，一較好身手；並且以健全的體力，去運用思想，創造事業！

（二）猴子樣的敏捷

「敏捷」的意思，簡單說起來就是「快」。在這二十世紀的時代做人，總得要做個「快人」才行。譬如賽跑或游泳一樣，快的居前，不快的便要落後，這是無可避免的結果。我們中國的文化，在二千年前，便已發展到與現今的中國文化程度距離不遠。那時歐洲大陸還是蠻人橫行的時代。至美洲尚草莽未闢，更不用說。然而今日又怎樣呢？歐洲文化的燦爛，吾人既已瞠乎其後，而美洲則更發展迅速。美利堅合眾國立國至今不過一百五十四年，其政治、經濟的一切發展，竟有「後來居上」之勢。這又是什麼緣故呢？這固然是美國的環境好，適於建設。而美國人的舉動敏捷，也是他們成功迅速一個最大的原因。吾人試遊於美國的都市，汽車、街車等等的風馳電掣不算，就是在大街兩旁道上走路的人，也都是邁往直前，絕少左顧右盼、姍姍行遲，像中國人所常有的樣子，再到他們的工廠或辦事房中去參觀，他們也是快手快腳的各忙各的事體。至於學校裡的學生，無論在講堂上、操場上、圖書館裡、實驗室裡，一切行動態度，總是敏捷異常，活潑得很；所以他們能夠在一個短時期內，學得多，做得多。將來的成就也自然的多起來了。掉轉頭來看看中國的

情形,一般人的行動顢頇遲緩,姑置勿論;就是學校裡的學生,讀書做事,也大半是一些不靈敏。所以在初中畢業的學生,國文不能暢所欲言;在大學裡畢業的學生,未必能看外國文的書籍。這不是由於他們的腦筋遲鈍,實在是由於習慣成自然。所以出了學校以後,做起事來,仍舊不能緊張,「從容不迫」的做下去。西洋人可以一天做完的事,中國人非兩天或三天不能做完。在效率上相差得這樣多,所成就的事體,自然也就不可同日而語了。

關於這種遲緩的不敏捷的行動,我說是一種習慣,而且這種習慣是由於青年時代養成的,並不是沒有什麼事實上的根據。我們可以用華僑子弟和留學生來做證明:在歐美生長的中國小孩,行動的敏捷、固足與外國小孩相頡頏;而一般留學生,初到外國的時候,總感覺得處處落人之後,走路沒有人家快,做事沒有人家快,讀書沒有人家快,在課堂上抄筆記也沒有人家寫得快、記得多,苦不堪言;但在這樣環境中吃得苦頭太多了以後,自然而然的一切行動也就漸漸的會變快了。所以留學生回國後一切行動,總比普通一般人要敏捷些。等待他們在百事遲鈍的中國環境裡住的時間稍為長久一點,他們的遲緩的老脾氣,或者也會重新發作的。就拿與人約會或赴宴會做例子,在歐美住過幾年的人,初回國的時候,大都是很肯遵守時間,按時而到;後來覺得自己到了,他人遲到,也是於事無益,呆坐著等人,還自白糟蹋了寶貴的時間,不如還是從俗罷。但是這種習慣的誤事和不便,是人人所引為遺憾的。尤其是我們的青年人,應當積極糾正的。

青年們呀!現在已經是二十世紀的新時代了!這個時代的特徵就是「快」。你看布滿了各國大陸的鐵道,浮遍了各國海洋的船艦,肉眼可看見的有線電的電線,不可見的無線電的電浪,可以橫渡大西洋而遠征南

北極的飛機,城市地面上馳騁著的街車與汽車,地面下隧道中通行的火車與電車,以及工廠、農場、公事房,家庭中所有的一切機器,哪一件不是為要想達到「快」的目的而設的。況且凡百科學,無不日新月異的在那裡增加發明。我們縱不能自己發明,也得要迎頭趕上去、學上去,這都是非快不為功的。

據進化論的昭示,我們人類由猿猴進化而來。卻是人類在這比較安舒的環境中,行動漸次變了遲鈍,反較猴子略遜一籌,而中國人的顢頇程度更特別的高。以開化最早的資格,現反遠居人後,這是多麼慚愧的事!現在我們的青年,如要想對於求學、做事兩方面,力振頹風,則非學「猴子樣的敏捷」,急起直追不可!

(三)駱駝樣的精神

在中國四萬萬同胞中,各人所負責任的重大,恐怕要算青年學生首屈一指了!就中國現時所處的可憐地位和可悲的命運而論,我們幾乎可以說:凡是可擺脫這種地位、挽回這種命運的事情和責任,直接或間接都是要落在學生們的雙肩上。

第一是對於學術上的責任:做學生的第一件事就要讀書。讀書從淺近方面說,是要增加個人的知識和能力,預備在社會上做一個有用的人材;從遠大的方面說,是要精研學理,對於社會國家和人類作最有價值的貢獻。這種責任是何等的重大!讀者要知道一個民族或國家要在世界上立得住腳——而且要光榮的立住——是要以學術為基礎的。尤其是,在這競爭劇烈的二十世紀,更要倚靠學術。所以學術昌明的國家,沒有不強盛的;反之,學術幼稚和知識蒙昧的民族,沒有不貧弱的。德意志便是一個好例證:德人在歐戰時力抗群強,能力固已可驚;大敗以

後，曾不十年而又重列於第一等國之林，這豈不是由於他們的科學程度特別優越而建設力強所致麼？我們中國人在世界上原來很有貢獻的——如發明指南針、印刷術、火藥之類——所以現時國力雖不充足，而仍為談世界文化者所重視。不過經過兩千年專制的錮蔽，學術遂致落伍。試問在現代的學術界，我們中國人對於人類幸福有貢獻的究竟有幾個人呢？無怪人家漸漸的看不起我們了。我們以後要想雪去被人輕視的恥辱，恢復我們固有的光榮，只有從學術方面努力，提高我們的科學知識，更進一步對世界作一種新的貢獻，這些都是不能不首先屬望於一般青年學生的。

第二是對於國家的責任：中國今日，外則強鄰四逼，已淪於次殖民地的地位；內則政治紊亂，民窮財匱，國家的前途實在太危險了。今後想擺脫列強的羈絆，則非急圖取消不平等條約不可。想把國民經濟現狀改良，使一般國民能享獨立、自由、富厚的生活，則非使國內政治能上軌道不可。昔范仲淹為秀才時，便以天下為己任，果然有志竟成。現在的學生們，又安可不以國家為己任咧！

第三是對於社會的責任：先有好政治而後有好社會，抑先有好社會而後有好政治？這個問題用不著什麼爭論的，其實二者是相互影響的，所以學生對於社會也是負有對於政治同等的責任。我們中國的社會，是一個很老的社會，一切組織形式及風俗習慣，大都陳舊不堪，違反現代精神而應當改良。這也是要希望學生們努力實行的。因為一般年紀大一點的舊人物，有時縱然看得出，想得到，而以濡染太久的緣故，很少能徹底改革的。所以關於改良未來的社會一層，青年所負的責任也是很大的。

以上所說的各種責任都放在學生們的身上，未免太重一些。不過生在這時的中國學生，是無法避免這些責任的。若不學著「駱駝樣的精神」

來「任重道遠」，又有什麼辦法呢？

除開上述三種基本條件而外，再加以「崇好美術的素養」和「自愛」、「愛人」的美德，便配稱做現代學生而無愧了。

義務與權利

貴校成立，於茲十載畢業生之服務於社會者，甚有聲譽。鄙人甚所欽佩。今日承方校長屬以演講。鄙人以諸君在此受教，是諸君之權利，而畢業以後即當任若干年教員，即諸君之義務，故願為諸君說義務與權利之關係。

權利者，為所有權自衛權等，凡有利於己者，皆屬之。義務則凡盡吾力而有益於社會者皆屬之。

普通之見，每以兩者為互相對待，以為既盡某種義務，則可以要求某種權利，既享某種權利，則不可不盡某種義務。如買賣然，貨物與金錢，其值相當是也。然社會上每有例外之狀況，兩者或不能兼得，則勢必偏重其一。如楊朱為我，不肯拔一毛以利天下；德國之斯梯納（Stine）及尼采（Friedrich Nietzsche）等，主張唯我獨尊，而以利他主義為奴隸之道德。此偏重權利之說也。墨子之道，節用而兼愛；孟子曰，生與義不可得兼，捨生而取義。此偏重義務之說也。今欲比較兩者之輕重，以三者為衡。

（一）以意識之程度衡之。下等動物，求食物，衛生命，權利之意識已具；而互助之行為，則於較為高等之動物始見之。昆蟲之中，蜂蟻最為進化。其中雄者能傳種而不能作工。傳種既畢，則工蜂、工蟻刺殺之，以其義務無可再盡，即不認其有何等權利也。人之初生即知吮乳，稍長則飢而求食，寒而求衣，權利之意識具，而義務之意識未萌。及其長也，始知有對於權利之義務。且進而有公而忘私，國而忘家之意識。

是權利之意識，較為幼稚，而義務之意識，較為高尚也。

（二）以範圍之廣狹衡之。無論何種權利，享受者以一身為限；至於義務，則如振興實業推行教育之類，享其利益者，其人數可以無限。是權利之範圍狹而義務之範圍廣也。

（三）以時效之久暫衡之。無論何種權利，享受者以一生為限。即如名譽，雖未嘗不可認為權利之一種，而其人既死，則名譽雖存而所含個人權利之性質，不得不隨之而消滅。至於義務，如禹之治水，雷綏佛（Lesseps）之鑿蘇伊士河，汽機電機之發明，文學家美術家之著作，則其人雖死而效力常存。是權利之時效短而義務之時效長也。

由是觀之，權利輕而義務重。且人類實為義務而生存。例如人有子女，即生命之派分，似即生命權之一部。然除孝養父母之舊法而外，曾何權利之可言？至於今日，父母已無責備子女以孝養之權利，而飲食之教誨之，乃為父母不可逃之義務。且列子稱愚公之移山也曰：「雖我之死，有子存焉。子又生孫，孫又生子，子子孫孫，無窮匱也，而山不加增，何苦而不平？」雖為寓言，實含至理。蓋人之所以有子孫者，為夫生年有盡，而義務無窮，不得不以子孫為延續生命之方法，而於權利無關。是即人之生存為義務而不為權利之證也。

唯人之生存，既為義務，則何以又有權利？曰，盡義務者在義務與權利有身，而所以保持此身使有以盡義務者，曰權利。如汽機然，非有燃料，則不能作工。權利者，人身之燃料也。故義務為主而權利為從。

義務為主，則以多為貴，故人不可以不勤。權利為從，則適可而止，故人不可以不儉。至於捐所有財產以助文化之發展，或冒生命之危險而探南北極試航空術，則皆可為善盡義務者。其他若厭世而自殺，實為放棄義務之行為，故倫理學家常非之。然若其人既自知無再盡義務之

能力,而坐享權利或反以其特別之疾病若罪惡,貽害於社會,則以自由意志而決然自殺,亦有可諒者。

獨身主義亦然,與謂為放棄權利,毋寧謂為放棄義務。然若有重大之義務,將竭畢生之精力以達之,而不願為室家所累,又或自忖體魄在優種學上者不適於遺傳之理由,而決然抱獨身主義,亦有未可厚非者。

今欲進而言諸君之義務矣。聞諸君中頗有以畢業後必盡教員之義務為苦者。然此等義務,實為校章所定。諸君入校之初,既承認此校章矣。若於校中既享有種種之權利,而竟放棄其義務,如負債不償然,於心安乎?畢業以後,固亦有因結婚之故而家務校務不能兼顧者。然胡彬夏女士不云乎:「女子盡力社會之暇,能整理家事,斯為可貴。」是在善於排程而已。中國家庭之狀況,煩瑣已極,誠有使人應接不暇之苦。然使改良組織,日就簡單,亦未嘗不可分出時間,以服務於社會。又或約集同志,組織公育兒童之機關,使有終身從事教育之機會,亦無不可。在諸君勉之而已。

科學之修養

鄙人前承貴校德育部之召,曾來校演講;今又蒙修養會見召,敢述修養與科學之關係。

查修養之目的,在使人平日有一種操練,俾臨事不致措置失宜。蓋吾人平日遇事,常有計較之餘暇,故能反覆審慮,權其利害是非之輕重而定取捨。然若至倉卒之間,事變橫來,不容有審慮之餘地,此時而欲使誘惑、困難不能墮其操守,非憑修養有素不可,此修養之所以不可緩也。

修養之道,在平日必有種種信條;無論其為宗教的或社會的,要不

外使服膺者儲蓄一種抵抗之力，遇事即可憑之以定抉擇。如心所欲作而禁其不作，或心所不欲而強其必行，皆依於信條之力。此種信條，無論文明、野蠻民族均有之。然信條之起，乃由數千萬年習慣所養成；及行之既久，必有不適之處，則懷疑之念漸興，而信條之效力遂失。此猶就其天然者言也。乃若古聖先賢之格言嘉訓，雖屬人造，要亦不外由時代經驗歸納所得之公律，不能不隨時代之變遷而易其內容。吾人今日所見為嘉言懿行者，在日後或成故紙；欲求其能常系人之信仰，實不可能。由是觀之，則吾人之於修養，不可不研究其方法。在昔吾國哲人，如孔、孟、老、莊之屬，均曾致力於修養，而宋、明儒者尤專力於此。然學者提倡雖力，卒不能使天下之人盡變為良善之士，可知修養亦無一定之必可恃者也。至於吾人居今日而言修養，則尤不能如往古道家之蟄影深山，不聞世事。蓋今日社會愈進，世務愈繁。已入社會者，固不能捨此而他從；即未入社會之學校青年，亦必從事於種種學問，為將來入世之準備。其責任之繁重如是，故往往易為外務所縛，無精神休假之餘地，常易使人生觀陷於悲觀厭世之域，而不得志之人為尤甚。其故即在現今社會與從前不同。欲補救此弊，須使人之精神有張有弛。如作事之後，必繼之以睡眠，而精神之疲勞，亦必使有機會得以修養。此種團體之結合，尤為可喜之事。但鄙人以為修養之致力，不必專限於集會之時，即在平時課業中亦可利用其修養。故特標此題曰：「科學的修養」。

　　今即就貴會之修養法逐條說明，以證科學的修養法之可行。如貴會簡章有「力行校訓」一條。貴校校訓為「誠勤勇愛」四字。此均可於科學中行之。如「誠」字之義，不但不欺人而已，亦必不可為他人所欺。蓋受人之欺而不自知，轉以此說復詔他人，其害與欺人者等也。是故吾人讀古人之書，其中所言苟非親身實驗證明者，不可輕信；乃至極簡單之事實，如一加二為三之數，亦必以實驗證明之。夫實驗之用最大者，莫如

科學。譬如報紙紀事，臧否不一，每使人茫無適從。科學則不然。真是真非，絲毫不能移易。蓋一能實驗，而一不能實驗故也。由此觀之，科學之價值即在實驗。是故欲力行「誠」字，非用科學的方法不可。

其次「勤」：凡實驗之事，非一次所可了。蓋吾人讀古人之書而不愜於心，乃出之實驗。然一次實驗之結果，不能即斷其必是，故必繼之以再以三，使有數次實驗之結果。如不誤，則可以證古人之是否；如與古人之說相刺謬，則尤必詳考其所以致誤之因，而後可以下斷案。凡此者反覆推尋，不憚周詳，可以養成勤勞之習慣。故「勤」之力行亦必依賴夫科學。

再次「勇」：勇敢之意義，固不僅限於為國捐軀、慷慨赴義之士，凡作一事，能排萬難而達其目的者，皆可謂之勇。科學之事，困難最多。如古來科學家，往往因試驗科學致喪其性命，如南北極及海底探險之類。又如新發明之學理，有與舊傳之說不相容者，往往遭社會之迫害，如哥白尼、賈利來之慘禍。可見研究學問，亦非有勇敢性質不可；而勇敢性質，即可於科學中養成之。大抵勇敢性有二：其一，發明新理之時，排去種種之困難阻礙；其二，既發明之後，勇於持論，不懼世俗之非笑。凡此二端，均由科學所養成。

再次「愛」：愛之範圍有大小。在野蠻時代，僅知愛自己及與己最接近者，如家族之類。此外稍遠者，輒生嫌忌之心。故食人之舉，往往有焉。其後人智稍進，愛之範圍漸擴，然猶不能舉人我之見而悉除之。如今日歐洲大戰，無論協約方面或德奧方面，均是己非人，互相仇視，欲求其愛之普及甚難。獨至於學術方面則不然：一視同仁，無分畛域；平日雖屬敵國，及至論學之時，苟所言中理，無有不降心相從者。可知學術之域內，其愛最溥。又人類嫉妒之心最盛，入主出奴，互為門戶。然此亦僅限於文學耳；若科學，則均由實驗及推理所得唯一真理，不容以

私見變易一切。是故嫉妒之技無所施，而愛心容易養成焉。

　　以上所述，僅就力行校訓一條引申其義。再閱簡章，有靜坐一項。此法本自道家傳來。佛氏之坐禪，亦屬此類。然歷年既久，卒未普及社會；至今日日本之提倡此道者，純以科學之理解釋之。吾國如蔣竹莊先生亦然，所以信從者多，不移時而遍於各地。此亦修養之有賴於科學者也。

　　又如不飲酒、不吸菸二項，亦非得科學之助力不易使人服行。蓋菸酒之嗜好，本由人無正當之娛樂，不得已用之以為消遣之具，積久遂成痼疾。至今日科學發達，娛樂之具日多，自不事此無益之消遣。如科學之問題，往往使人興味加增，故不感疲勞而菸酒自無用矣。

　　今日所述，僅感想所及，約略陳之。唯宜注意者，鄙人非謂學生於正課科學之外，不必有特別之修養，不過正課之中，亦不妨兼事修養，俾修養之功，隨時隨地均能用力，久久純熟，則遇事自不致措置失宜矣。

思想自由

　　兄弟今日承姜先生之介紹，得與諸君相晤，談話一堂，甚幸甚幸。唯兄弟雖蒙諸君之約，冀有所貢獻，然以校事羈身，急待歸去，且欲一聽李先生之演說，故遂不得作長談，僅擇其精者簡略言之，願諸君一垂聽焉。

　　講題之採取，係屬於感想而得。頃與全校諸君言道德之精神在於思想自由，即足為是題之引。（先生於三會聯合演講之先，復由全校歡迎大會，並丐先生演說，蒙先生首肯，乃以德、智、體三育為同學講演，詞已載入《校風》報。茲以不忍割愛，故復移錄之於是篇後，以公同好焉。）

　　當兄弟未至貴校之先，每以貴校與約翰、清華、東吳諸大學相聯

想。今親詣參觀，略悉內情，始知大謬。蓋貴校固一純粹思想自由之學校。繼以各會宗旨，諒大都一致無疑。乃聞之姜先生，復知各會宗旨各異，永珍包羅，任人選擇。若青年會屬於宗教的，而敬業樂群會則以研究學術號召，勵學會亦復以演說講演為重。此外各專門學會亦各精一術，毫不相妨。此誠可為諸君慶，而兄弟遂亦感而言此矣。

　　人生在世，身體極不自由。以貴校體育論，躍高擲重，成績昭然。（本歲遠東運動會，本校同學以躍高、擲重列名，故先生言如此。）然而練習之始，其難殆百倍於成功之日。航空者置身太空，自由極矣，乃卒不能脫巨風之險。習語言者，精一忘百，即使能通數地或數國方言，然窮涉山川，終遇隔膜之所。是知法律之繩人，亦猶是也。然法律不自由中，仍有自由可尋。自由者何？即思想是也。但思想之自由，亦自有界說。彼倡天地新學說者，必以地圓為謬，而倡其地平日動之理。其思想誠屬自由，然數百年所發明刊定不移之理，詎能一筆抹殺！且地圓之證據昭著，既不能悉以推翻，修取一二無足輕重之事，為地平證，則其學說不能成立宜也。又如行星之軌道，為有定所，精天文者，久已考明。乃幻想者流，必數執已定之理，屏為不足道，別刱其新奇之論。究其實，卒與倡天地新學說者將同歸失敗。此種思想，可謂極不自由。蓋真理既已公認不刊，而駁之者猶復持閉關主義，則其立論終不得為世人贊同，必矣。

　　捨此類之外，有所謂最自由者，科學不能禁，五官不能干，物質不能範，人之壽命，長者百數十年，促者十數年，而此物之存在，則卒不因是而間斷。近如德人之取屍炸油，毀人生之物質殆盡，然其人之能存此自由者，斷不因是而毀滅。在昔有倡靈魂論，宗教家主之，究之仍屬空洞。分思想於極簡單，分皮毛於極細小，仍亦歸之物質，而物質之作用，是否屬之精神，尚不可知。但精神些微之差，其竟足誤千里。故精

神作用，現人尚不敢日之為屬於物質，或日物質屬之於精神。且精神、物質之作用，是否兩者具備，相輔而行？或各自為用，毫不相屬？均在不可知之數。如攝影一事，其存者果為精神？抑為物質、精神兩者均係之？或兩者外別有作用？此實不敢武斷。

論物質，有原子，原子分之又有電子。究竟原子、電子何屬？吾人之思想試驗，殊莫知其奧。論精神，其作用之最微者又何而屬？吾人更不得知。而空中有所謂真空各個以太，實則其地位何若，態度何似，更屬茫然。度量衡之短而小者，吾人可以意定，殆分之極細，長之極大，則其極不得而知。譬之時計，現為四旬鐘，然須臾四鐘即逝，千古無再來之日，其竟又將如何耶？伍廷芳先生云，彼將活二百歲。二百歲以後何似？推而溯之原始，終不外原子、電子之論。考地質者，亦不得極端之證驗。地球外之行星，或日已有動物存在，其始生如何，亦未聞有發明者。

人生在世，鉤心鬥智，相爭以學術，鞠躬盡瘁，死而後已，亦無非爭此未勘破之自由。評善惡者，何者為善，何者為惡，禁作者為違法之事，而不作者亦非盡惡。以衛生論，衛生果能阻死境之不來歟？生死如何，民族衰亡如何，衰亡之早晚又如何，此均無確當之論。或日終歸之於上帝末日之裁判，此宗教言也。使上帝果人若，則空洞不可得見，以腦力思之，則上帝非人，而其至何時，其竟何似，均不可知，是宗教亦不足徵信也。有主一元說者，主二元說者，又有主返原之論者，使人人傾向於原始之時。今之願戰，有以為可憂，有以為思想學術增進之導線。究之以上種種，均有對待可峙，無人敢信其為絕對的可信，亦無有令人絕對的可信之道也。

是故，吾人今日思想趨向之竟，不可回顧張皇，行必由徑，反之失其正鵠。西人今日自殺之多，殆均誤於是道。且至理之信，不必須同他

人；己所見是，即可以之為是。然萬不可譸張為幻。此思想之自由也。凡物之評斷力，均隨其思想為定，無所謂絕對的。一己之學說，不得束縛他人；而他人之學說，亦不束縛一己。誠如是，則科學、社會學等等，將均任吾人自由討論矣。

勞工神聖

諸君！

此次世界大戰爭，協商國竟得最後勝利，可以消滅種種黑暗的主義，發展種種光明的主義。我昨日曾經說過，可見此次戰爭的價值了。但是我們四萬萬同胞，直接加入的，除了在法國的十五萬華工，還有什麼人！這不算怪事。此後的世界，全是勞工的世界呵！

我說的勞工，不但是金工、木工等等。凡用自己的勞力，作成有益他人的事業，不管他用的是體力，是智力，都是勞工。所以農是種植的工；商是轉運的工；學校職員、著述家、發明家，是教育的工，我們都是勞工。我們要自己認識勞工的價值。勞工神聖！

我們不要羨慕那憑藉遺產的紈絝兒！不要羨慕那賣國營私的官吏！不要羨慕那剋扣軍餉的軍官！不要羨慕那操縱票價的商人！不要羨慕那領乾脩的顧問諮議，不要羨慕那出售選舉票的議員！他們雖然奢侈點，但是良心上不及我們的平安多了。我們要認識我們的價值。勞工神聖！

在育德學校演說之述意

鄙人耳育德學校之名，由來已久，今乘大學休假之際，得以躬蒞斯地，與諸君子共語一堂，甚屬快事。因貴校以育德為號，而校中又設有留法預科，乃使鄙人聯想及於法人之道德觀念。法自革命以後，有最顯

著、最普遍之三詞，到處揭著，即自由、平等、友愛是也。夫是三者，是否能盡道德之全，固難遽定，然即證以中國意義，要亦不失為道德之重要綱領。

所謂自由，非放恣自便之謂，乃謂正路既定，矢志弗渝，不為外界勢力所征服。孟子所稱「富貴不能淫，貧賤不能移，威武不能屈」者，此也。準之吾華，當日義。所謂平等，非均齊不相系屬之謂，乃謂如分而與，易地皆然，不以片面方便害大公。孔子所稱「己所不欲，勿施於人」者，此也。準之吾華，當日恕。所謂友愛，義斯無歧，即孔子所謂「己欲立而立人，己欲達而達人」。張子所稱「民胞物與者」，是也。準之吾華，當日仁。仁也、恕也、義也，均即吾中國古先哲舊所旌表之人道信條，即徵西方之心同理同，亦當宗仰服膺者也。

是以鄙人言人事，則必以道德為根本；言道德，則又必以是三者為根本。蓋人生心理，雖日智、情、意三者平列，而語其量，則意最廣，徵其序則意又最先。此固近代學者所已定之斷案。就一人之身而考三性發達之遲早，就礦植動三物之倫而考三性包含之多寡，與夫就吾人日常之識一物，立一義而考三性應用之疾徐，皆有其不可掩者。故近世心理學，皆以意志為人生之主體，唯意志之所以不能背道德面向道德，則有賴乎知識與感情之翼助。此科學、美術所以為陶鑄道德之要具，而凡百學校皆據以為編制課程之標準也。自鄙人之見，亦得以三德證成之。二五之為十，雖帝王不能易其得數，重墜之趣下，雖兵甲不能劫之反行，此科學之自由性也。利用普乎齊民，不以優於貴；立術超乎攻取，無所黨私。此科學之平等性及友愛性也。若美術者，最貴自然，毋意毋必，則自由之至者矣。永珍並包，不遺貧賤，則平等之至者矣。並世相師，不問籍域，又友愛之至者矣。故世之重道德者，無不有賴乎美術及科學，如車之有兩輪，鳥之有兩翼也。

今聞貴校學風，頗致力於勤、儉二字。勤則自身之本能大，無需於他；儉則生活之本位廉，無入不得，是含自由義。且勤者自了己事，不役人以為工；儉者自享己分，不奪人以為食，是含平等義。勤者輸吾供以易天下之供，儉者省吾求以裕天下之求，實有燭於各盡所能、各取所需之真諦，而不忍有一不克致社會有一不獲之夫，是含友愛義。諸君其慎毋以二字為庸為小。天下蓋盡有幾多之惡潮，其極也，足以傾覆邦命，荼毒生靈，而其發源，乃僅由於一二少數人自恣之心所鼓蕩者。如往者籌安會之已事，設其領袖俱習於勤儉，肯為尋常生活，又何至有此。然則此二字者，造端雖微，而潛力則巨。鄙人對於貴校之學風，實極端贊成矣。唯祝貴校以後法文傳習日廣，能赴法留學者日多，俾中國之義、恕、仁與法國之自由、平等、友愛融化，而日進於光大。是非黨法，法實有特宜於國人旅學之點：旅用廉也，風習新也，前驅眾也，學說之純正，不雜以君制或宗教之匪瑕也，國民之浸淫於自由、平等、友愛者久，而鮮侮外人也，皆其著也。

就任北京大學校長之演說

五年前，嚴幾道先生為本校校長時，餘方服務教育部，開學日曾有所貢獻於同校。諸君多自預科畢業而來，想必聞知。士別三日，刮目相見，況時閱數載，諸君較昔當必為長足之進步矣。予今長斯校，請更以三事為諸君告。

一曰抱定宗旨。諸君來此求學，必有一定宗旨，欲求宗旨之正大與否，必先知大學之性質。今人肄業專門學校，學成任事，此固勢所必然。而在大學則不然，大學者，研究高深學問者也。外人每指摘本校之腐敗，以求學於此者，皆有做官發財思想，故畢業預科者，多入法科，

入文科者甚少，入理科者尤少，蓋以法科為干祿之終南捷徑的便捷途徑。《新唐書·盧藏用傳》記載：盧藏用想入朝做官，隱居在京城長安附近的終南山，藉此得到很大的名聲，終於達到了做官的目的。

也。因做官心熱，對於教員，則不問其學問之淺深，唯問其官階之大小。官階大者，特別歡迎，蓋為將來畢業有人提攜也。現在中國精於政法者，多入政界，專任教授者甚少，故聘請教員，不得不下聘請兼職之人，亦屬不得已之舉。究之外人指摘之當否，姑不具論。然弭謗莫如自修，人譏我腐敗，而我不腐敗，問心無愧，於我何損？果欲達其做官發財之目的，則北京不少專門學校，入法科者盡可肄業法律學堂，入商科者亦可投考商業學校，又何必來此大學？所以諸君須抱定宗旨，為求學而來。入法科者，非為做官；入商科者，非為致富。宗旨既定，自趨正軌。諸君肄業於此，或三年，或四年，時間不為不多，苟能愛惜分陰，孜孜求學，則其造詣，容有底止。若徒志在做官發財，宗旨既乖，趨向自異。平時則放蕩冶遊，考試則熟讀講義，不問學問之有無，唯爭分數之多寡；試驗既終，書籍束之高閣，毫不過問，敷衍三四年，潦草塞責，文憑到手，即可藉此活動於社會，豈非與求學初衷大相背馳乎？光陰虛度，學問毫無，是自誤也。且辛亥之役，吾人之所以革命，因清廷官吏之腐敗。即在今日，吾人對於當軸多不滿意，亦以其道鎔淪喪。今諸君苟不於此時植其基，勤其學，則將來萬一因生計所迫，出而任事，擔任講席，則必貽誤學生；置身政界，則必貽誤國家。是誤人也。誤己誤人，又豈本心所願乎？故宗旨不可以不正大。此餘所希望於諸君者一也。

二曰砥礪德行。方今風俗日偷道德淪喪，北京社會，尤為惡劣，敗德毀行之事，觸目皆是，非根基深固，鮮不為流俗所染，諸君肄業大

學,當能束身自愛。然國家之興替,視風俗之厚薄。流俗如此,前途何堪設想。故必有卓絕之士,以身作則,力矯頹俗。諸君為大學學生,地位甚高,肩此重任,責無旁貸,故諸君不唯思所以感己,更必有以勵人。苟德之不修,學之不講,同乎流俗;合乎汙世,己且為人輕侮,更何足以感人。然諸君終日伏首案前,孳孳攻苦,毫無娛樂之事,必感身體上之苦痛。為諸君計,莫如以正當之娛樂,易不正當之娛樂,庶於道德無虧,而於身體有益。諸君入分科時,曾填寫願書,遵守本校規則,苟中道而違之,豈非與原始之意相反乎?故品行不可以不謹嚴。此餘所希望於諸君者二也。

　　三曰敬愛師友。教員之教授,職員之任務,皆以圖諸君求學便利,諸君能無動於衷乎?自應以誠相待,敬禮有加。至於同學共處一堂,尤應互相親愛,庶可收切磋之效。不唯開誠布公,更宜道義相勗,蓋同處此校,毀譽共之,同學中苟道德有虧,行有不正,為社會所訾詈,己雖規行矩步,亦莫能辯,此所以必互相勸勉也。餘在德國,每至店肆購買物品,店主殷勤款待,付價接物,互相稱謝,此雖小節,然亦交際所必需,常人如此,況堂堂大學生乎?對於師友之敬愛,此餘所希望於諸君者三也。

　　余到校視事僅數日,校事多未詳悉,茲所計劃者二事。一曰改良講義。諸君既研究高深學問,自與中學、高等不同,不唯恃教員講授,尤賴一己潛修。以後所印講義,只列綱要,細微末節,以及精旨奧義,或講師口授,或自行參考,以期學有心得,能裨實用。二曰添購書籍。本校圖書館書籍雖多,新出者甚少,苟不廣為購辦,必不足供學生之參考。刻擬籌集款項,多購新書,將來典籍滿架,自可旁稽博採,無漠缺乏矣。今日所與諸君陳說者只此,以後會晤日長,隨時再為商榷可也。

世界觀與人生觀

　　世界無涯涘也，而吾人乃於其中占有數尺之地位；世界無終始也，而吾人乃於其中占有數十年之壽命；世界之遷流如是其繁變也，而吾人乃於其中占有少許之歷史。以吾人之一生較之世界，其大小久暫之相去既不可以數量計，而吾人一生又絕不能有幾微遁出於世界以外，則吾人非先有一世界觀，決無所容喙引申為說。於人生觀。

　　雖然，吾人既為世界之一分子，絕不能超出世界以外，而考察一客觀之世界，則所謂完全之世界觀何自而得之乎？曰凡分子必具有全體之本性，而既為分子則因其所值之時地而發生種種特性，排去各分子之特性而得一通性，則即全體之本性矣。吾人為世界一分子，凡吾人意識所能接觸者無一非世界之分子。研究吾人之意識而求其最後之原素為物質及形式，猶相對待也。超物質形式之畛域而自在者，唯有意志。於是吾人得以意志為世界各分子之通性，而即以是為世界之本性。

　　本體世界之意志，無所謂鵠的也。何則？一有鵠的，則懸之有其所，達之有其時，而不得不循因果律以為達之之方法，是仍落於形式之中，含有各分子之特性，而不足以為本體。故說者以本體世界為黑暗之意志，或謂之盲督之意志，皆所以形容其異於現象世界各各之意志也。現象世界各各之意志則以迴向本體為最後之大鵠的，其間接以達於此大鵠的者又有無量數之小鵠的，各以其間接於最後大鵠的之遠近為其大小之差。

　　最後之大鵠的何在？曰：合世界之各分子息息相關，無復有彼此之差別，達於現象世界與本體世界相交之一點是也。自宗教家言之，吾人固未嘗不可一瞬間超軼現象世界種種差別之關係，而完全成立為本體世

界之大我。然吾人於此時期既尚有語言文字之交通,則已受範於漸法之中,而不以頓法,於是不得不有所謂種種間接之作用。綴輯此等間接作用,使厘然有系統可尋者,進化史也。

　　統大地之進化史而觀之,無機物之各質點,自自然引力外,殆無特別相互之關係;進而為有機之植物,則能以質點集合之機關共同操作,以行其延年傳種之作用;進而為動物,則又於同種類間為親子朋友之關係,而其分職通功之例視植物為繁。及進而為人類,則由家庭而宗族,而社會,而國家,而國際,其互相關係之形式既日趨於博大,而成績所留,隨舉一端,皆有自閡而通,自別而同之趨勢。例如昔之工藝,自造之,而自用之耳。今則一人之所享受,不知經若干人之手而後成;一人之所操作,不知供若干人之利用。

　　昔之知識,取材於鄉土志耳。今則自然界之記錄,無遠弗屆,遠之星體之執行,小之原子之變化,皆為科學所管領。由考古學人類學之互證,而知開明人之祖先與未開化人無異;由進化學之研究,而知人類之祖先與動物無異。是以語言風俗宗教美術之屬,無不合大地之人類以相比較。而動物心理,動物言語之屬,亦漸為學者所注意。昔之同情,及最近者而止耳。是以同一人類,或狀貌稍異,即痛癢不復相關,而甚至於相食。其次則死之,奴之。今則四海兄弟之觀念為人類所公認,而肉食之戒,虐待動物之禁,以漸流布。所謂仁民而愛物者,已成為常識焉。夫已往之世界,經其各分子經營而進步者其成績固已如此,過此以往,不亦可比例而知之歟?

　　道家之言曰:「知足不辱,知止不殆。」又曰:「小國寡民,使有什伯之器而不用;使民重死而不遠徙,雖有舟輿,無所乘之,雖有甲兵,無所陳之;使民復結繩而用之,甘其食,美其服,安其居,樂其俗;鄰

國相望，雞犬之聲相聞，民至老死而不相往來。」此皆以目前之幸福言之也。自進化史考之，則人類精神之趨勢乃適與相反。人滿之患雖自昔借為口實，而自昔探險新地者率生於好奇心，而非為飢寒所迫。南北極苦寒之所，未必於吾儕生活有直接利用之數據，而冒險探極者踵相連。由推輪而大輅，由桴槎而方舟，足以濟不通矣，乃必進而為汽車汽船及自動車之屬。近則飛艇飛機更為競爭之的。其構造之初必有若干之試驗者供其犧牲，而初不以及身之不及利用而生悔。文學家美術家最高尚之著作，被崇拜者或在死後，而初不以及身之不得信用而輟業。用以知：為將來而犧牲現在者，又人類之通性也。

人生之初，耕田而食，鑿井而飲，謀生之事至為繁重，無暇為高尚之思想。自機械發明，交通迅速，資生之具日趨於便利。循是以往，必有寂粟如水火之一日，使人類不復為口腹所累，而得專致力於精神之修養。今雖尚非其時，而純理之科學，高尚之美術，篤嗜者固已有甚於飢渴，是即他日普及之徵兆也。科學者，所以祛現象世界之障礙，而引至於光明。美術者，所以寫本體世界之現象，而提醒其覺性。人類精神之趨向既毗於是，則其所到達之點蓋可知矣。

然則，進化史所以詔吾人者：人類之義務，為群倫不為小己，為將來不為現在，為精神之愉快而非為體魄之享受，固已彰明而較著矣。而世之誤讀進化史者，乃以人類之大鵠的為不外乎具一身與種性之生存，而遂以強者權利為無上之道德。夫使人類果以一身之生存為最大之鵠的，則將如神仙家所主張，而又何有於種姓？如日人類固以綿延其種姓為最後之鵠的，則必以保持其單純之種姓為第一義，而同姓相婚，其生不善，古今開明民族，往往有幾許之混合者。是兩者何足以為究竟之鵠的乎？孔子曰：「生無所息。」莊子曰：「造物勞我以生。」諸葛孔明曰：

「鞠躬盡瘁，死而後已。」是吾身之所以欲生存也。北山愚公之言曰：「雖我之死，有子存焉。子又生孫，孫又生子，子子孫孫，無窮匱也。而山不加增，何苦而不平？」是種姓之所以欲生存也。人類以在此世界有當盡之義務，不得不生存其身體。又以此義務者非數十年之壽命所能竣，而不得不謀其種姓之生存。以圖其身體若種姓之生存，而不能不有所資以營養，於是有吸收之權利。又或吾人所以盡務之身體若種姓，及夫所資以生存之具，無端受外界之侵害，將坐是而失其所以盡務之自由，於是有抵抗之權利。此正負兩式之權利，由義務而演出者也。今日吾人無所謂義務，而權利則可以無限，是猶同舟共濟，非合力不足以達彼岸，乃強而有力者以進行為多事，而劫他人所持之棹楫以為己有，豈非顛倒之尤者乎？

　　昔之哲人有見於大鵠的之所在，而於其他無量數之小鵠的，又準其距離於大鵠的之遠近，以為大小之差。於其常也，大小鵠的並行而不悖。孔子曰：「己欲立而立人，己欲達而達人。」孟子曰：「好樂，好色，好貨，與人同之。」是其義也。於其變也，絀小以申大。堯知子丹朱之不肖，不足授天下。授舜，則天下得其利而丹朱病，授丹朱，則天下病而丹朱得其利。堯曰，終不以天下之病而利一人，而卒授舜以天下。禹治洪水，十年不窺其家。孔子曰：「志士仁人，無求生以害仁，有殺身以成仁。」墨子「摩頂放踵，利天下為之」。孟子曰：「生與義不可得兼，捨生而取義。」范文正曰：「一家哭，何如一路哭。」是其義也。循是以往，則所謂人生者，始合於世界進化之公例，而有真正之價值。否則，莊生所謂天地之委形委蛻已耳，何足道也！

第六章　結論

孔子之精神生活

　　精神生活，是與物質生活對待的名詞。孔子尚中庸，並沒有絕對的排斥物質生活，如墨子以自苦為極，如佛教的一切唯心造；例如《論語》所記：「失飪不食，不時不食」，「狐貉之厚以居」，謂「衛公子荊善居室」，「從大夫之後，不可以徒行」，對於衣食住行，大抵持一種素富貴行乎富貴、素貧賤行乎貧賤的態度。但使物質生活與精神生活在不可兼得的時候，孔子一定偏重精神方面。例如孔子說：「飯疏食，飲水，曲肱而枕之，樂亦在其中矣；不義而富且貴，於我如浮云。」可見他的精神生活，是絕不為物質生活所搖動的。今請把他的精神生活分三方面來觀察。

　　第一，在智的方面。孔子是一個愛智的人，嘗說：「蓋有不知而作之者，我無是也；多聞，擇其善者而從之，多見而識之。」又說：「多聞闕（闕：同「缺」。）疑」，「多見闕殆」，又說：「知之為知之，不知為不知，是知也。」可以見他的愛智，是毫不含糊，決非強不知為知的。他教子弟通禮、樂、射、御、書、數的六藝；又為分設德行、言語、政事、文學四科，彼勸人學詩，在心理上指「興」、「觀」、「群」、「怨」，在倫理上指出「事父」、「事君」，在生物上指出「多識於鳥獸草木之名」。（他如《國語》說：孔子識肅慎氏之石砮，防風氏骨節，是考古學；《家語》說：孔子知萍實，知商羊，是生物學；但都不甚可信。）可以見知力範圍的廣大。至於知力的最高點，是道，就是最後的目的，所以說：「朝聞道，夕死可矣。」這是何等的高尚！

　　第二，在仁的方面。從親愛起點，「泛愛眾，而親仁」，便是仁的出發點。他的進行的方法用恕字，消極的是「己所不欲，勿施於人」；積極的是「己欲立而立人，己欲達而達人」。他的普遍的要求，是「君子無終食之間違仁，造次必於是，顛沛必於是」。他的最高點，是「伯夷、

241

叔齊，古之賢人也，求仁而得仁，又何怨？」，「志士仁人，無求生以害仁，有殺身以成仁。」這是何等偉大！

第三，在勇的方面。消極的以見義不為為無勇；積極的以童汪踦能執干戈衛社稷可無殤。但孔子對於勇，卻不同仁、智的無限推進，而時加以節制。例如說：「小不忍則亂大謀。」、「一朝之忿，忘其身以及其親，非惑歟？」、「好勇不好學，其蔽也亂。」、「君子有勇而無義為亂，小人有勇而無義為盜。」、「暴虎憑河，死而無悔者，吾不與焉，必也臨事而懼，好謀而成者也。」這又是何等的謹慎！

孔子的精神生活，除上列三方面觀察外，尚有兩特點：一是毫無宗教的迷信，二是利用美術的陶養。孔子也言天，也言命，照孟子的解釋，莫之為而為是天，莫之致而致是命，等於數學上的未知數，毫無宗教的氣味。凡宗教不是多神，便是一神；孔子不語神，敬鬼神而遠之，說「未能事人，焉能事鬼？」完全置鬼神於存而不論之列。凡宗教總有一種死後的世界；孔子說：「未知生，焉知死？」「之死而致死之，不仁而不可為也；之死而致生之，不知而不可為也」；毫不能用天堂地獄等說來附會他。凡宗教總有一種祈禱的效驗，孔子說：「丘之禱久矣」，「獲罪於天，無所禱也」，毫不覺得祈禱的必要。所以孔子的精神上，毫無宗教的分子。

孔子的時代，建築、雕刻、圖畫等美術，雖然有一點萌芽，還算是實用與裝飾的工具，而不認為獨立的美術；那時候認為純粹美術的是音樂。孔子以樂為六藝之一，在齊聞韶，三月不知肉味。謂：「韶盡美矣，又盡善也。」對於音樂的美感，是後人所不及的。

孔子所處的環境與二千年後的今日，很有差別；我們不能說孔子的語言到今日還是句句有價值，也不敢說孔子的行為到今日還是樣樣可以做模範。但是抽象的提出他精神生活的概略，以智、仁、勇為範圍，無宗教的迷信而有音樂的陶養，這是完全可以為師法的。

讀書與救國 —— 在杭州之江大學演說詞

今天承貴校校長費博士介紹，得來此參觀，引為非常的榮幸！貴校的創設，有數十年的悠久歷史，內中一切規模設備，甚是完美。不用說，這個學校是我們浙江唯一的最高學府。青年學子不必遠離家鄉，負笈千里，即可求得高深學問，這可不是我們浙江青年的幸福嗎！

我看貴校的編制，分文、理二科，這正合西洋各大學以文、理為學校基本學科的本旨。我們大家曉得，攻文學的人，不獨要在書本子裡探討，還當受大自然的陶鎔。是以求學的環境，非常重要。請看英國牛津大學和美國哥倫比亞大學，他們都設在城外風景佳絕之地。因此，這兩個學校裡產出的文學鉅子，亦較別校為多。貴校的校址，負山帶河，面江背湖，空氣固是新鮮，風景更屬美麗。諸位求學於如此山明水秀之處所，自必興趣叢生，收事半功倍之效。所以我很希望你們當中學文科的人，能多多造成幾位東方之文學泰。

印度文明，太偏重於理想，不適合於二十世紀的國家。現在是科學競爭時代，物質萬能時代，世界上的強國，無不是工業興隆，對於聲光化電的學問，研究得至微至細的。什麼電燈啦，電報啦，輪船啦，火車啦，這些有利人類的一切發明，皆外人貢獻的。我們中國就是本著古禮「來而不往，非禮也」的公式，也該有點發明，與世界各國相交換才是。這個責任，我希望貴校學理科的諸位，能自告奮勇地去擔負起來。

現在國內一般人們，對於收回教育權的聲浪，皆呼得非常之高，而我則以為這個時期還沒到。試問國立的幾所少數學校，是否能完全容納中國的學生，而使之無向隅之憾呢？中國目下的情形，是需要人才的時候，不應該拘執於微末之爭。至云教會學校的學生，對於愛國運動很少參加，便是無愛國的熱忱，這個見解更是錯了。學生在求學時期，自應唯學是務，

朝朝暮暮，自宜在書本子裡用功夫。但大家不用誤會，我並不是說學生應完全的不參加愛國運動，總要能愛國不忘讀書，讀書不忘愛國，如此方謂得其要旨。至若現在有一班學生，藉著愛國的美名，今日罷課，明天遊行，完全把讀書忘記了，像這樣的愛國運動，是我所不敢贊同的。

我在外國已有多年，並未多見罷課的事情。只有法國一個高等學堂裡，因換一教員，同時有二人欲謀此缺，一新派，一舊派，舊派為保守黨，腦筋舊，所以政府主用新人物，因此相爭，舊派乃連繫全城的高等學校罷課。當時西人認為很驚奇的一回事。而中國則不然，自五四以後，學潮澎湃，日勝一日，罷課遊行，成為司空見慣，不以為異。不知學人之長，唯知採人之短，以致江河日下，不可收拾，言之實堪痛心啊！

總之，救國問題，談何容易，決非一朝一夕空言愛國所可生效的。從前勾踐雪恥，也曾用「十年生聚，十年教訓」的工夫，而後方克遂志。所以我很希望諸位如今在學校裡，能努力研究學術，特別窮理。因為能在學校裡多用一點功夫，即為國家將來能多辦一件事體。外務少管些，應酬以適環境為是，勿虛擲光陰。宜多多組織研究會，常常在試驗室裡下功夫。他日學成出校，為國宣力，胸有成竹，臨事自能措置裕如。一校之學生如是，全國各學校之學生亦如是，那末中國的前途，便自然一天光明一天了。

關於讀經問題

讀經問題，是現在有些人主張：自小學起，凡學生都應在十三經中選出一部或一部以上作為讀本的問題。為大學國文系的學生講一點《詩經》，為歷史系的學生講一點《書經》與《春秋》，為哲學系的學生講一點《論語》、《孟子》、《易傳》與《禮記》，是可以贊成的。為中學生選幾篇

經傳的文章，編入文言文讀本，也是可以贊成的。若要小學生也讀一點經，我覺得不妥當，認為無益而有損。

主張讀經的人，一定認為經中有很好的格言，可以終身應用，所以要讀熟他。但是有用的格言，我們可以用別種方式發揮他，不一定要用原文，例如《論語》說恕字，是：「己所不欲，勿施於人。」又說是：「我不欲人之加諸我也，我亦欲無加諸人。」在《禮記·中庸篇》說是：「施諸己而不願，亦勿施諸人。」在〈大學篇〉說是：「絜矩之道：所惡於上，毋以使下；所欲於下，毋以事上；所惡於前，毋以先後；所惡於後，毋以從前；所惡於右，毋以交於左；所惡於左，毋以交於右。」在《孟子》說：「愛人者人恆愛之；敬人者人恆敬之。」又說：「殺人之父，人亦殺其父；殺人之兄，人亦殺其兄。」這當然都是顛撲不破的格言，但太抽象了，兒童不容易領會；我們若用「並坐不橫肱」等具體事件，或用「狐以盤飼鶴，鶴以瓶飼狐」等寓言證明這種理論，反能引起興趣。又如《論語》說：「志士仁人，有殺身以成仁，無求生以害仁。」《孟子》說：「生，我所欲也；義，亦我所欲也，二者不可得兼，捨生而取義者也。」也說得斬釘截鐵的樣子，但是同兒童說明，甚難了解。我們要是借黃花崗七十二烈士或其他先烈的傳記來證明，就比較的有意思了。所以我認為呆讀經文，沒有多大益處。在司馬遷《史記》裡面，引《書經》的話，已經用翻譯法，為什麼我們這個時代還要小孩子讀經書原文呢？

經書裡面，有許多不合於現代事實的話，在古人們處他們的時代，不能怪他；若用以教現代的兒童，就不相宜了。例如尊君卑臣、尊男卑女一類的話。又每一部中總有後代人不容易了解的話，《論語》是最平易近人的，然而「鳳凰不至」、「子見南子」、「色斯舉矣」等章，古今成年人都解釋不明白，要叫小孩子們硬讀，不怕窒礙他們的腦力麼？《易經》全

部，都是吉凶悔吝等信仰卜筮的話，一展卷就說「潛龍」、「飛龍」。《詩經》是「國風好色」、「小雅怨誹」，在成人或可體會那不淫不亂的界限，怎樣同兒童講明呢？一開卷就是「窈窕淑女，君子好逑」。《牡丹亭》曲本裡的杜麗娘，就因此而引起傷春病，雖是寓言，卻實有可以注意的地方。所以我認為小學生讀經，是有害的，中學生讀整部的經，也是有害的。

美育實施的方法

中國初辦新式教育的時候，止提出體育、智育、德育三條件，稱為三育。十年來，漸漸地提到美育，現在教育界已經公認了。李石岑先生要求我說說「美育實施的方法」，我把我個人的意見寫在下面。

照現在教育狀況，可分為三個範圍：一、家庭教育；二、學校教育；三、社會教育。我們所說的美育，當然也有這三方面。

我們要作徹底的教育，就要著眼最早的一步。雖不能溢位範圍，推到優生學；但至少也要從胎教起點。我從不信家庭有完美教育的可能性，照我的理想，要從公立的胎教院與育嬰院著手。

公立胎教院是給孕婦住的，要設在風景佳勝的地方，不為都市中混濁的空氣、紛擾的習慣所沾染。建築的形式要勻稱，要玲瓏，用本地舊派，略參希臘或文藝中興時代的氣味。凡埃及的高壓式，峨特的偏激派，都要避去。四面都是庭園，有廣場，可以散步，可以作輕便的運動，可以賞月觀星。園中雜蒔花木，使四時均有雅麗之花葉，可以悅目。選毛羽秀麗、鳴聲諧雅的動物，散布花木中間；須避去用索繫猴、用籠裝鳥的習慣。引水成泉，勿作激流。匯水成池，蓄美觀活潑的魚。室內糊壁的紙、鋪地的氈，都要選恬靜的顏色、疏秀的花紋。應用與陳列的器具，要輕便雅緻，不取笨重或過於瑣巧的。一室中要自成系統，

不可混亂。陳列雕刻、圖畫，都取優美一派：應有健全體格的裸體像與裸體畫。凡有粗獷、猥褻、悲慘、怪誕等品，即使描寫個性，大有價值，這裡都不好加入。過度激刺的色彩，也要避去。備閱覽的文字，要樂觀的、和平的；凡是描寫社會黑暗方面、個人神經異常的，要避去。每日可有音樂，選取的標準，與圖畫一樣，激刺太甚的、卑靡的，都不取。總之，各種要孕婦完全在平和活潑的空氣裡面，才沒有不好的影響傳到胎兒。這是胎兒的美育。

孕婦產兒以後，就遷到公共育嬰院。第一年是母親自己撫養的；第二、三年，如母親要去擔任她的專業，就可把嬰兒交給保母。育嬰院的建築，與胎教院大略相同，或可聯合一處。其中陳列的雕刻圖畫，可多選裸體的康健兒童，備種種動靜的姿勢；隔幾日，可更換一套。音樂，選簡單靜細的。院內成人的言語與動作，都要有適當的音調態度，可以作兒童的模範。就是衣飾，也要有一種優美的表示。

在這些公立機關未成立以前，若能在家庭裡面，按照上列的條件小心布置，也可承認為家庭美育。

兒童滿了三歲，要進幼稚園了。幼稚園是家庭教育與學校教育的過渡機關。那時候兒童的美感，不但被動的領受，並且自動的表示了。舞蹈、唱歌、手工，都是美育的專課。就是教他計算、說話，也要從排列上、音調上迎合他們的美感，不可用枯燥的演算法與語法。

兒童滿了六歲，就進小學校，此後十一二年，都是普通教育時期，專屬美育的課程，是音樂、圖畫、運動、文學等。到中學時代，他們自主力漸強，表現個性的衝動漸漸發展，選取的文字、美術，可以複雜一點。悲壯、滑稽的著作，都可應用了。

但是美育的範圍，並不限於這幾個科目，凡是學校所有的課程，都

沒有與美育無關的。例如數學，彷彿是枯燥不過的了；但是美術上的比例、節奏，全是數的關係，截金術是最顯的例。數學的遊戲，可以引起滑稽的美感。幾何的形式，是圖案術所應用的。理化學似乎機械性了；但是聲學與音樂，光學與色彩，密切的很。雄強的美，全是力的表示。美學中有「感情移入」論，把美術品形式都用力來說明他。文學、音樂、圖畫，都有冷熱的異感，可以從熱學上引起聯想。磁電的吸距，就是人的愛憎。有許多美術工藝，是用電力製成的。化學實驗，常見美麗的光焰；元子、電子的排列法，可以助圖案的變化。圖畫所用的顏料，有許多是化學品。星月的光輝，在天文學上不過映照距離的關係，在文學、圖畫上便有絕大的魔力。礦物的結晶、閃光與顯色，在科學上不過自然的結果，在裝飾品便作重要的材料。植物的花葉，在科學上不過生殖與呼吸機關，或供分類的便利。動物的毛羽與聲音，在科學上作為保護生命的作用，或雌雄淘汰的結果，在美術、文學上都為美觀的材料。地理學上雲霞風雪的變態，山岳河海的名勝，文學家美學家的遺跡；歷史上文學美術的進化，文學家美術家的軼事，也都是美育的數據。

　　由普通教育轉到專門教育，從此關乎美育的學科，都成為單純的進行了。愛音樂的進音樂學校，愛建築、雕刻、圖畫的進美術學校，愛演劇的進戲劇學校，愛文學的進大學文科，愛別種科學的人就進了別的專科了。但是每一個學校的建築式、陳列品，都要合乎美育的條件。可以時時舉行辯論會、音樂會、成績展覽會、各種紀念會等，都可以利用他來行普及的美育。

　　學生不是常在學校的，又有許多已離學校的人，不能不給他們一種美育的機會，所以又要有社會的美育。

　　社會美育，從專設的機關起：

（一）美術館，蒐羅各種美術品，分類陳列。於一類中，又可依時代為次。以原本為主，但別處所藏的圖畫，最著名的，也用名手的摹本。別處所藏的雕刻，也可用摹造品。須有精印的目錄，插入最重要品的攝影。每日定時開館。能不收入門券費最善，必不得已，每星期日或節日必須免費。

（二）美術展覽會，須有一定的建築，每年舉行幾次，如春季展覽、秋季展覽等。專徵集現代美術家作品，或限於本國，或兼徵他國的。所徵不勝陳列，組織審查委員選定。陳列品可開明價值，在會中出售。餘時亦可開特別展覽會，或專陳一家作品，或專陳一派作品。也有借他國美術館或私人所藏展覽的。

（三）音樂會，可設一定的會場，定期演奏。在夏季也可在公園、廣場中演奏。

（四）劇院，可將歌舞劇、科白劇分設兩院，亦可於一院中更番演劇。劇本必須出自文學家手筆，演員必須受過專門教育。劇院營業，如不敷開支，應用公款補助。

（五）影戲館，演片須經審查，凡無聊的滑稽劇、凶險的偵探案、卑猥的戀愛劇都去掉。單演風景片與文學家作品。

（六）歷史博物館，所收藏大半是美術品，可以看出美術進化的痕跡。

（七）古物學陳列所，所收藏的大半是古代的美術品，可以考見美術的起源。

（八）人類學博物館，所收藏的不全是美術品，或者有很醜惡的，但可以比較各民族的美術，或是性質不同，或是程度不同。無論如何幼稚的民族，總有幾種驚人的美術品。又往往不相交通的民族，有同性質的作品。很可以促進美術的進步。

（九）博物學陳列所與植物園、動物園，這固然不專為美育而設，但礦物的標本與動植物的化石，或色彩絢爛，或結構精緻，或形狀奇偉，很可以引起美感。若種種生活的動植物，值得賞鑑，更不待言了。

在這種特別設備以外，又要有一種普遍的設備，就是地方的美化。若只有特別的設備，平常接觸耳目的，還是些卑醜的形狀，美育就不完全；所以不可不謀地方的美化。

地方的美化，第一是道路。歐洲都市最廣的道路，兩旁為人行道，其次公車來往道，又間以種樹、藝花，及遊人列坐的地方二三列，這自然不能常有的。但每條道路，都要寬平。一地方內各條道路，要有一點勻稱的分配。道路交叉的點，必須留一空場，置噴泉、花畦、雕刻品等。

第二是建築。三間東倒西歪屋，固然起脆薄、貧乏的感想；三四層匣子重疊式的洋房，也可起板滯、粗俗的感想。若把這兩者併合在一處，真異常難受了。歐美海濱或山坳的別墅團體，大半是一層樓，適敷小家庭居住，二層的已經很少，再高是沒有的。四面都是花園，疏疏落落，分開看各有各的意匠，合起來看，合成一個系統。現在各國都有「花園城」的運動，他們的建築也大概如此。我們的城市改革很難，組織新村的人，不可不注意呵！

第三是公園。公園有兩種：一種是有圍牆，有門，如北京中央公園、上海黃浦灘外國公園的樣子。裡面人工的設備多一點，進去有一點制限。還有一種，是並無嚴格的範圍，以自然美為主，最要的是一大片林木，中開無數通路可以散步。有幾大片草地可以運動。有一道河流，或匯成小湖，可以行小舟。建築品不很多，遊人可自由出入。在巴黎、柏林等，地價非常昂貴，但是這一類大公園，都有好幾所永遠留著。

第四是名勝的布置。瑞士有世界花園的稱號，固然是風景很好，也

是他們的保護點綴很適宜，交通很便利，所以能吸引遊人。美國有好幾所國家公園，地面很大，完全由國家保護，不能由私人隨意占領，所以能保留他的優點，不受損壞。我們國內，名勝很多，但如黃山等，交通不便，頗難遊賞。交通較便的如西湖等，又漫無限制，聽無知的人造了許多拙劣的洋房，把自然美綴了許多汙點，真是可惜。

第五是古蹟的儲存。最近的建築，破壞了很不美觀。若是破壞的古蹟，轉可以引起許多歷史上的聯想，於不完全中認出美的分子來。所以儲存古跡，以不改動他為原則。但有些非加修理不可的，也要不顯痕跡，且按著原狀的派式。並且留得原狀的攝影，記述修理情形同時日，備後人鑑別。

第七是公墳。我們中國人的做墳，可算是混亂極了。貧的是隨地權厝，或隨地做一個土堆子。富的是為了一個死人，占許多土地。石工墓木，也是千篇一律，一點沒有美意。照理智方面觀察，人既死了，應交醫生解剖，若是於後來生理上病理上可備參考的，不妨儲存起來。否則血肉可作肥料，骨骼可供雕刻品，也算得是廢物利用了。但是人類行為，還有感情方面的吸力，生人對於死人，絕不肯把他哀感所託的屍體，簡單地處置了。若是照我們南方各省，滿山是墳，不但太不經濟，也是破壞自然美的一端。現在不如先仿西洋的辦法，他們的公墳有兩種：一是土葬的，如上海三馬路，北京崇文門，都有西洋的公墳。他是畫一塊地，用牆圍著，布置一點林木。要葬的可以指區購定。墓旁有花草，墓上的石碑有花紋，有銘詞，各具意匠，也可窺見一時美術的風尚。還有一種是火葬，他們用很莊嚴的建築，安置電力焚屍爐。既焚以後，把骨灰聚起來，裝在古雅的瓶裡，安置在精美石坊的方孔中。所占的地位，比土葬減少，墳園的布置，也很華美。這些辦法都比我們的隨地亂葬好，我們不妨先採用。

我說美育,一直從未生以前,說到既死以後,可以休了。中間有錯誤的、脫漏的,我再修補,尤希望讀的人替我糾正。

對於師範生的希望

在今日看來,無論中外,男女都要受教育,並且所受的教育都要一樣的。從前的人以為所學的科學不必相同,有女子須學而男子不應學者,有男子須學而女子不應學者,於是學校有男女之別。社會情形改變,家庭情形亦隨之改變:從前只有男子在社會上做事,女子毫不負責任,近年來女子常常代男子做許多社會事業,譬如歐戰發生以後,男子都從軍去了,女子乃不得不在社會上做事。塞爾維亞的女子也有從軍的。照這樣看來,男女所做的事,應該相同。中國的教育,男女學校不是平行發達:男子有專門學校,有大學校,女子沒有,所以北京大學實行男女同學。中國有男子師範、女子師範,但男女師範之分離,並不是程度上的關係,並不是功課上的關係,不過因仍舊習慣罷了。

師範的性質與中學不同:中學畢業後還要升學;師範畢業,就要當教員。師範是為培植將來的小學教員。諸位是將來的教員,不可不注重學校中一切的科學。中學各科有各科的教員,教師或只教一種科學,小學則不然。小學內常常以一人兼教各種科學,初等小學常以一人兼學校中一切科學,如手工、圖畫、音樂、體操,所以一個師範生可以辦一個小學。師範生的程度,必須各科都好,才能擔負這種責任。小學教師正像工人一樣,工人的各種器具都完備,才能製造各種東西,小學教師的各種科學都完善,才能得良好的小學教育。所以師範生須兼長並進,不能選此舍彼。

現在的學校多實行選科制,但這種制度只能行之於高等以上的學

校，並且學生只有相對的選擇，無絕對的選擇，除必修科以外的科學，才有選擇權。北京大學現行這種制度，如入化學科，有三分之二是必修科，餘者可自由選擇。又如在每門選一種或幾種科學，而不專習某科者謂之旁聽生，修業期限無定，學校亦不發畢業證書。學生所選的學科必須經教員審定，因教員知道選何者有益，選何者無益，如走生路，若無人指引，易入歧路。總而言之，高等教育方行選科制，但須教員認定。

普通教育不能行選科制，只可採用選科精神。從前的學生有因一二種學科不及格而降班者，譬如甲長於國文而算術不好，因算術不好降入低年級，使他的國文也不能隨高年級聽講。這種辦法很不公平。遇了這種情形可用選科的精神，就是甲算術不好，乙國文不好，可令甲乙二人在低年級聽算術國文，其餘的科學仍隨高年級聽講。普通教育，選科的程度至此為止，普通師範學校當然也是這樣。

師範生對於各科的知識，必須貫通，各有心得，多看參考書，參觀實在情形，心身上才有利益，怎麼叫做師範？範就是模範，可為人的榜樣。自己的行為要做別人的模範，所以師範生的行為最要緊。模範不是短時間能成就的，須慢慢地養成。

學校內的規則不許你們這樣，或不許你們那樣，這是消極的。學生知道這些規則對於我們有益，我情願遵守，才肯入校。所以學校的規則可說不是學校定的，是你們自己定的。學校的規則如很不方便，可求改良，但不得忽然破壞規則。教室內無規則，就沒有秩序，你們當教員的時候願看見這種情形麼？

五四以後，社會上很重視學生，但到了現在，生出許多流弊。學生以自己為萬能，常常想去干涉社會上的事和政治上的事。如果學校內有一部分人如此，他部分想用功的人也絕不能用功了。歐戰以來，各國畢

業生有許多當兵者，但未畢業的仍舊求學。不求學，專想干涉校外的事，有極大的危險。國家的事不是學生可以解決的，學生運動不過要提醒外界的人，不是能直接解決各種問題。所以用不著常常運動。

五四運動發源於北大，當時這種運動，出於勢不得已，非有意干涉政治。現在北大的學生絕不肯輕易干涉政治上的事。為什麼原故呢？（一）因學問不充足，辦事很困難，辦事須從學問上入手，不得不專心求學。（二）覺得中國政治問題層出不窮，若常常干預，必至無暇用工。我出京的時候，他們專心求學以外，只辦平民學校，不管別的事情了。

小學教員在社會上的位置最重要，其責任比大總統還大些。你們在學校中如有很好的預備，就能擔負這責任，有益於社會真不淺呵！

文化運動不要忘了美育

現在文化運動，已經由歐美各國傳到中國了。解放呵！創造呵！新思潮呵！新生活呵！在各種週報上，已經數見不鮮了。但文化不是簡單，是複雜的；運動不是空談，是要實行的。要透澈複雜的真相，應研究科學；要鼓勵實行的興會，應利用美術。科學的教育，在中國可算有萌芽了；美術的教育，除了小學校中機械性的音樂、圖畫以外，簡截可說是沒有。

不是用美術的教育，提起一種超越利害的興趣，融合一種劃分人我的偏見，保持一種永久平和的心境；單單憑那個性的衝動、環境的刺激，投入文化運動的潮流，恐不免有下列三種的流弊：（一）看得很明白，責備他人也很周密，但是到了自己實行的機會，給小小的利害絆住，不能不犧牲主義。（二）借了很好的主義作護身符，放縱卑劣的慾望；到劣跡敗露了，叫反對黨把他的汙點影射到神聖主義上，增了發展的阻力。

(三)想用簡單的方法、短少的時間，達他的極端的主義；經了幾次挫折，就覺得沒有希望，發起厭世觀，甚且自殺。這三種流弊，不是漸漸發見了麼？一般自號覺醒的人，還能不注意麼？

　　文化進步的國民，既然實施科學教育，尤要普及美術教育。專門練習的，既有美術學校、音樂學校、美術工藝學校、優伶學校等，大學校又設有文學、美學、美術史、樂理等講座與研究所；普及社會的，有公開的美術館或博物院，中間陳列品，或由私人捐贈，或用公款購置，都是非常珍貴的。有臨時的展覽會，有音樂會，有國立或公立的劇院，或演歌舞劇，或演科白劇，都是由著名的文學家、音樂家編制的。演劇的人，多是受過專門教育、有理想、有責任心的。市中大道，不但分行植樹，並且間以花畦，逐次移植應時的花。幾條大道的交叉點，必設廣場，有大樹，有噴泉，有花壇，有雕刻品。小的市鎮，總有一個公園；大都會的公園，不只一處。又儲存自然的林木，加以點綴，作為最自由的公園。一切公私的建築，陳列器具，書肆與畫肆的印刷品，各方面的廣告，都是從美術家的意匠構成。所以不論那一種人，都時時刻刻有接觸美術的機會。我們現在，除文字界稍微有點新機外，別的還有什麼？書畫是我們的國粹，都是模仿古人的；古人的書畫，是有錢的收藏了，作為奢侈品，不是給人人共見的；建築雕刻，沒有人研究；在囂雜的劇院中，演那簡單的音樂、卑鄙的戲曲；在市街上散步，只見飛揚塵土，橫衝直撞的車馬，商舖門上貼著無聊的春聯，地攤上出售那惡俗的花紙。在這種環境中討生活，什麼能引起活潑高尚的感情呢？所以我很望致力文化運動諸君，不要忘了美育。

文明之消化

　　凡生物之異於無生物者，其例證頗多，而最著之端，則為消化作用。消化者，吸收外界適當之食料而製煉之，使類化類化：以我族類性質的需要去吸收消化外來的東西。這一概念與「同化」的意義相近。為本身之分子，以助其發達。此自微生物以至人類所同具之作用也。

　　人類之消化作用，不唯在物質界，亦在精神界。一人然，民族亦然。希臘民族吸收埃及、腓尼基諸古國之文明而消化之，是以有希臘之文明；高爾、日耳曼諸族吸收希臘、羅馬及阿拉伯之文明而消化之，是以有今日歐洲諸國之文明。吾國古代文明，有源出巴比倫之說，迄今尚未證實；漢以後，天方、大秦之文物，稍稍輸入矣，而影響不著；其最著者，為印度之文明。漢季，接觸之時代也；自晉至唐，吸收之時代也；宋，消化之時代也。吾族之哲學、文學及美術，得此而放一異彩。自元以來，與歐洲文明相接觸，逾六百年矣，而未嘗大有所吸收，如球莖之植物、冬蟄之動物，恃素所貯蓄者以自贍，日趣羸瘠日趣羸瘠：日漸枯瘦。趣，同「趨」，趨向。羸，瘦弱。，亦固其所。至於今日，始有吸收歐洲文明之機會，而當其衝者，實為我寓歐之同人。

　　吸收者，消化之預備。必擇其可以消化者而始吸收之。食肉者棄其骨，食果者棄其核，未有渾淪渾淪：即囫圇，完整、整個兒。而吞之者也。印度文明之輸入也，其滋養果實為哲理，而埋蘊於宗教臭味之中。吸收者渾淪而吞之，致釀成消化不良之疾。鉤稽鉤稽：探索考察。哲理，如有宋諸儒，既不免拘牽門戶之成見；而普通社會，為宗教臭味所燻習，迷信滋彰，至今為梗。歐洲文明，以學術為中堅，本視印度為複雜，而附屬品之不可消化者，亦隨而多歧。政潮之排蕩，金力之劫持，宗教之拘忌，率皆為思想自由之障礙。使皆渾淪而吞之，則他日消化不良之

弊,將視印度文明為尤甚。審慎於吸收之始,毋為消化時代之障礙,此吾儕所當注意者也。

且既有吸收,即有消化,初不必別有所期待。例如晉、唐之間,雖為吸收印度文明時代,而其時「莊」「易」之演講、建築圖畫之革新,固已顯其消化之能力,否則,其吸收作用必不能如是之博大也。今之於歐洲文明,何獨不然!向使吾儕見彼此習俗之殊別,而不能推見其共通之公理,震新舊思想之衝突,而不能預為根本之調和,則臭味差池,即使強飲強食,其亦將出而哇之耳!當吸收之始,即參以消化之作用,俾得減吸收時代之阻力,此亦吾人不可不注意者也。

我的新生活觀

什麼叫舊生活?是枯燥的,是退化的。什麼是新生活?是豐富的,是進步的。舊生活的人,是一部分不工作,又不求學的,終日把吃喝嫖賭作消遣。物質上一點也沒有生產,精神上一點也沒有長進。有一部分是整日做苦工,沒有機會求學,身體上疲乏得不得了,所作的工是事倍功半,精神上得過且過,豈不全是枯燥的麼?不工作的人,體力是逐漸衰退了;不求學的人,心力有逐漸委靡了;一代傳一代,更衰退,更委靡,豈不全是退化嗎?新生活是每一個人,每日有定所作工,又有一定的時候求學,所以製品日日增加。還不是豐富的麼?工是愈練愈熟的,熟了出產必能加多;而且「熟能生巧」,就能增出新的工作來。學識有一部分講現在作工的道理,動了這個道理,工作必能改良。又有一部分將別種工作的道理,懂了那種道理,又可以改良別種的工。從簡單的工改到複雜的工;從容易的工改到繁難的工;從出產較少的工改到出產較多的工。而且有一種學問,雖然與工作沒有直接的關係,但是學了以後,

眼光一日一日的遠大起來,心地一日一日的平和起來,生活上無形中增進許多幸福。這還不是進步嗎?要是有一個人肯日日作工,日日求學,便是一個新生活的人;有一個團體裡的人,都是日日作工,日日求學,便是一個新生活的團體;全世界的人都日日作工,日日求學,那就是新生活的世界了。

《國民雜誌》序

《國民雜誌》者,北京學生所印行也。學生唯一之義務在求學,胡以犧牲其求學之時間與心力,而從事於普通國民之業務,以營此雜誌?曰:迫於愛國之心,不得已也。向使學生而外之國民均能愛國,而盡力於救國之事業,使為學生者得專心求學,學成而後有以大效於國,誠學生之幸也。而中國大多數之國民,方漠然於吾國之安危,若與己無關。而一部分有力者,乃日以椓喪(椓喪:損喪,破壞,椓,擊。)國家為務。其能知國家主義而竭誠以保護之者,至少數耳。求能助此少數愛國家,喚醒無意識之大多數國民,而抵制椓喪國家之行為,非學生而誰?嗚呼!學生之犧牲其時間與心力,以營此救國之雜誌,誠不得已也。

學生既不得已而出此雜誌,則所出雜誌之務有以副學生之人格,其要有三:

一曰正確。有一事焉,與吾人之所預期者相迎合,則乍接而輒認為真;又有一事焉,與吾人之所預期者相抗拒,則屢聞尚疑其偽。此心理上普通作用也。言論家往往好憑藉此等作用,以造成群眾心理,有因數十字之電訊而釀成絕大風潮者,當其時無不成如荼如火之觀,及事實大明,而狂熱頓熄,言論家之信用蕩然矣。故愛國不可不有熱誠;而救國之計畫,則必持以冷靜之頭腦,必灼見於事實之不誣而始

下判斷，則正確之謂也。

二曰純潔。救國者，艱苦之業也。墨翟生勤而死薄，勾踐臥薪而嘗膽，范仲淹「先天下之憂而憂，後天下之樂而樂」。斷未有溺情於耳目之娛、侈靡之習而可以言救國者。近來中國雜誌，往往一部分為痛哭流涕長太息之治安策，而一部分則雜以側艷之詩文、戀愛之小說，是一方面欲增進國民之人格，而一方面則轉以陷溺之也。願《國民雜誌》慎勿以無聊之詞章充篇幅。

三曰博大。積小群而為大群，小群之利害，必以不與大群之利害相牴觸者為標準。家，群之小者也，不能不以國之利害為標準。故有利於家，而又有利於國，或無害於國者，行之。苟有利於家，而有害於國，則絕對不可行。此人人所知也。以一國比於世界，則亦為較小之群。故為國家計，亦當以有利於國，而有利於世界，或無害於世界者為標準。而所謂國民者，亦同時為全世界人類之一分子。苟倡絕對的國家主義，而置人道主義於不顧，則雖以德意志之強，而終不免於失敗，況其他乎？願《國民雜誌》勿提倡極端利己的國家主義。

以上三者，皆關於內容者也。至於《國民雜誌》社之進行，最所希望者，曰有恆。《國民雜誌》之醞釀已歷半年，卒底於成，不能不佩社員之毅力。自此以前，尚為一鼓作氣之時期。若前數期出版以後，漸漸弛其責無旁貸之決心，則此後之困難，正不弱於醞釀時期。願社員永保此朝氣，進行不怠，則於諸君喚醒國民之初心，始為無負也。

蔡元培是中國近現代著名的民主革命家、教育家和思想家，也是一位成就顯赫的國學大師。

這本《中國人的修養》是「經典紙閱讀」系列叢書之一部，收錄了蔡元培《華工學校講義》、《中學修身教科書》及18篇國民修養散論文章，

凝聚了他論述中國人修養的全部精髓，為我們提供了一面人生思考、道德修養的鏡子。

蔡元培文章以白話文運動為界，此前為文言文，此後為白話文。本書選編時，對其文有選擇地分別進行了全文翻譯和文內注釋。

第六章 結論

蔡元培之中國人的修養：

修己與修德，社會倫理與公民修養的實踐

作　　者：蔡元培	**國家圖書館出版品預行編目資料**
發 行 人：黃振庭	
出 版 者：複刻文化事業有限公司	蔡元培之中國人的修養：修己與修德，社會倫理與公民修養的實踐 / 蔡元培 著 . -- 第一版 . -- 臺北市：複刻文化事業有限公司 , 2024.09
發 行 者：複刻文化事業有限公司	
E-mail：sonbookservice@gmail.com	
粉 絲 頁：https://www.facebook.com/sonbookss	面；　公分
網　　址：https://sonbook.net/	POD 版
地　　址：台北市中正區重慶南路一段 61 號 8 樓	ISBN 978-626-7514-76-4(平裝)
8F., No.61, Sec. 1, Chongqing S. Rd., Zhongzheng Dist., Taipei City 100, Taiwan	1.CST: 道 德 2.CST: 修 養 3.CST: 人格
	192.2　113013199

電　　話：(02)2370-3310
傳　　真：(02)2388-1990
印　　刷：京峯數位服務有限公司
律師顧問：廣華律師事務所 張珮琦律師
定　　價：375 元
發行日期：2024 年 09 月第一版
◎本書以 POD 印製
Design Assets from Freepik.com

電子書購買

爽讀 APP　　　臉書